김상진 중개사법

슈퍼 암기장

이것만 암기해도 합격!!

김상진 편저

박문각 공인중개사

박문각

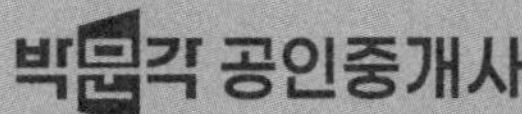

이 책의 머리말

협력(協力)하여 선(善)을 이루는 우리!

2026년은 공인중개사 합격의 해(海)입니다~~!!

"김상진의 슈퍼암기장"은 "김상진의 필수서(요약집)"를 기초로 하여 시험에 "반드시" 출제되는 부분을 압축·정리하고, 이를 완전히 "자신의 것"으로 만들기 위한 교재입니다. 본 교재를 통해 합격의 바다에 풍덩 빠져, 그 기쁨을 함께 나눕시다.

"2026년 김상진의 슈퍼암기장"을 다음과 같이 활용하시면 필승 합격입니다~~!!!

01 "핵심내용"으로 이론을 다시 다지시고, "괄호" 처리된 출제 포인트를 "직접 기입"하시면서 익힘과 단련의 효과를 극대화하시기 바랍니다.

02 "매일매일" 조금씩이라도 반복하시기 바랍니다. 기억이 흐려지기 전에 되풀이하여 학습하면 오래도록 유지됩니다. "최소한의 분량"이므로 "휴대용"으로 활용하여 자투리 시간을 최대한 활용하시기 바랍니다. 반복이 곧 점수로 이어집니다.

03 "주요 숫자 정리"를 부록으로 함께 수록하였으니, "숫자"와 관련된 문제는 반드시 정답으로 연결하시기 바랍니다.

본 교재가 실전에서 완전한 승리(必勝)의 "기폭제"가 될 것으로 확신합니다.

네 평생에 너를 능히 대적할 자가 없으리니,
내가 모세와 함께 있던 것 같이 너와 함께 있을 것임이니라.
내가 너를 떠나지 아니하며 버리지 아니하리니 강하고 담대하라.
너는 내가 그들의 조상에게 맹세하여 그들에게 주리라 한 땅을
이 백성에게 차지하게 하리라.
(여호수아 1 : 5~6)

2026년 2월
편저자 **김상진** 배상

ⓑ 김상진의 공인중개사법(전국 1타 수험생)
https://band.us/band/86052732

CONTENTS

이 책의 차례

슈퍼
암기장

제2편 부동산 거래신고 등에 관한 법령

제3편 중개실무

부 록 주요 숫자 정리

박문각 공인중개사

김상진 중개사법

슈퍼암기장

[제1편] 공인중개사법령

제1장 총칙	
법 제정의 목적(제1조)	이 법은 공인중개사의 업무 등에 관한 사항을 정하여 그 (　　　)을 제고하고, 부동산 (　　　)을 건전하게 육성하여, "국민경제"에 이바지함을 목적으로 한다.
"용어"의 정의 (제2조)	① **중개** : 법 제3조에서 규정한 중개대상물에 대하여, 거래당사자 간의 매매·교환·임대차 그 밖의 권리의 득실변경에 관한 행위를 (　　　)하는 것을 말한다. ② **중개업** : 다른 사람의 의뢰에 의하여, 일정한 (　　　)를 받고 중개를 (　　　)으로 행하는 것을 말한다. ③ **공인중개사** : 이 법에 의하여 공인중개사 (　　　)을 (취득)한 자를 말한다. ④ **개업공인중개사** : 이 법에 의하여 중개사무소 개설 (　　　)을 한 자를 말한다. ⑤ **소속공인중개사** : 개업공인중개사에 소속된 공인중개사[법인인 개업공인중개사의 임원 또는 사원을 (　　　)]로서, (　　　)를 수행하거나 개업공인중개사의 중개업무를 보조하는 자를 말한다. ⑥ **중개보조원** : 공인중개사가 (　　　)로서 개업공인중개사에 소속되어, 현장안내·일반서무 등 개업공인중개사의 중개업무와 관련된 (단순한) 업무를 보조하는 자를 말한다.
중개행위의 성격	＊ "중개행위"는 거래당사자 사이의 거래계약체결을 도와주는 보조적 (　　　)에 해당한다. (☎ 비교 : "중개계약"은 법률행위에 해당) ＊ 중개행위는 영리 목적의 "상행위"에 해당되고, 독자적인 자기행위에 해당한다.
중개의 종류	＊ 중개는 민사중개, 상사중개, 전시중개, 참여중개, 일방중개, 쌍방중개, 국제중개, 국내중개, 공인중개사, 사중개 등으로 구별할 수 있다. ① 부동산중개는 (　　　)에 해당한다. ② 일방의뢰인으로부터 의뢰를 받은 '일방중개'도 중개에 해당(　　　).
중개의 대상이 되는 권리	＊ 중개대상이 되는 권리는, "부동산"에 관한 권리로서 "거래"가 가능한 권리를 말한다. ⇨ 부동산 소유권, 환매권의 이전, 임차권, 지상권, 지역권, 전세권, 저당권(＋금전소비대차), 가등기 담보권, 유치권의 "이전", 법정지상권의 "이전" 등
중개의 대상이 아닌 권리	＊ "동산질권" ×, "점유권" ×, 유치권의 "성립" ×, 법정지상권의 "성립" ×, "분묘기지권" ×, "상속" × 등, "법률의 규정"에 의한 물권변동 등
〈주의〉	① 금전소비대차에 부수하여 "저당권" 설정 행위를 알선하는 것은 중개에 해당 (　　　). ② "동산질권"은 중개대상에 해당 (　　　).

"중개업"의 해당 여부	＊ 타인의 의뢰에 의하여 ＋ 일정한 보수를 받고 ＋ 중개를 업으로(직업적으로) 행하는 것을 말한다. ① 보수를 "현실적"으로 받아야 한다. 보수를 받지 않은 경우, 중개업에 해당(　　). 즉, 보수지급을 약정하거나 요구하였으나, 보수를 현실적으로 받지 "않은" 경우에는 중개업에 해당(　　). ② 우연히 1회 중개 : 계속성·반복성이 없으므로 중개업에 해당하지 "않는다".
구별의 실익	① 무등록 "중개업"은 처벌 (　　). (3년 − 3천 이하) : 중개보수 약정은 "전부"가 "무효"이다. ② 무등록 "중개"는 처벌 (　　). 중개보수지급약정은 "유효"하다.
중개대상물의 해당 여부	① 토지(○) 　㉠ 1필지 토지의 일부에 대한 "지상권"의 설정 (　) 　㉡ 1필지 토지의 "일부"에 대한 "저당권"의 설정 (　) 　㉢ "대토권"(일정한 요건하에 이주자택지를 공급받을 수 있는 지위에 불과) (　) 　㉣ 미채굴 광물 (　), ㉤ 온천권 (　), ㉥ 공유수면 (　) ② 건축물(○) : (기둥 ＋ 지붕 ＋ 주벽) (「민법」상의 개념) 　㉠ "세차장구조물" (　) 　㉡ 동·호수가 "특정(선정)"된 장래의 건물(＝ 분양권) (　) 　㉢ 「주택법」상의 입주자로 "선정"된 지위(＝ 분양권) (　) 　㉣ 「주택법」상의 청약을 하여 당첨이 된다면 입주자로 선정"될 수 있는" 지위(청약통장) (　) 　㉤ 「도시 및 주거환경정비법」상의 입주자로 "선정된" 지위(＝ 재건축·재개발 입주권) (　) 　㉥ "명인방법"을 갖춘 수목의 집단 (　) ③ 「입목법」상의 입목(수목의 집단을 보존등기한 것) (　) ④ 공장재단 (　) ⑤ 광업재단 (　) ⑥ 어업재단 (　) ⑦ 항만운송사업재단 (　)
"중개대상물"이 되기 위한 요건	① 법정중개대상물의 실체를 갖출 것 ＋ ② 사적(私的) 소유의 대상으로서 거래가 가능할 것(국·공유재산으로서 행정재산 ×) ＋ ③ 중개행위의 개입가능성이 있을 것(법률의 규정에 의한 권리변동 ×)
〈중개대상물이 아닌 것〉	＊ 어업재단 ×, 항만운송사업재단 ×, 자동차 ×, 선박 ×, 항공기 ×, "권리금" ×, 국·공유재산 중 "행정재산" ×, 공유수면 ×, "포락지" ×, "무주의 부동산" ×, "미채굴 광물" ×, 법정지상권의 "성립" ×, 유치권의 "성립" ×, 상속 ×
〈주의〉	㉠ 공용이 "폐지"가 된 "일반재산" (　) 　〈☎ 비교 : 공용 중인 "행정재산" (　)〉 ㉡ 유치권과 피담보채권의 "이전" (　) ㉢ 법정지상권의 "이전" (　)

정　답　〈목적〉 전문성, 중개업 // 〈용어〉 ① 알선 / ② 보수 / 업 / ③ 자격 / ④ 등록 / ⑤ 포함 / 중개업무 / ⑥ 아닌 자 // 사실행위 // ① 민사중개 / ② 한다 // ① 한다 / ② 하지 않는다 // ① 하지 않는다, 하지 않는다 // ① 된다 / ② 되지 않는다 // 〈중개대상물〉 ① ㉠ ○ / ㉡ × / ㉢ × / ㉣ × / ㉤ × / ㉥ × // ② ㉠ × / ㉡ ○ / ㉢ ○ / ㉣ × / ㉤ ○ / ㉥ ○ // ③ ○ / ④ ○ / ⑤ ○ / ⑥ × / ⑦ × // 〈주의〉 ㉠ ○, × / ㉡ ○ / ㉢ ○

제2장 시험제도와 교육제도

공인중개사 시험제도

시험시행 기관	① **원칙** : 공인중개사 시험의 시행은 (　　　　)가 시행하는 것이 원칙이다. ★ ② **예외** : 예외적으로 (　　　)이, 공인중개사정책심의위원회의 "의결"을 거쳐 직접 시행할 수도 있다.
응시자격 없는 자	* 공인중개사 시험의 응시는 다음의 2가지를 제외하고는, 연령이나 국적에 아무런 제한이 없다(미성년자나 외국인, 피성년후견인, 파산자 등도 응시 가능). ① **자격취소** + "(　　)년"이 경과되지 아니한 자는 응시할 수 없다(즉, 공인중개사가 될 수 없다). ★ ② **부정행위로 무효처분** + "(　　)년"이 경과되지 아니한 자는 시험에 응시할 수 없다(즉, 공인중개사가 될 수 없다). ★
시험공고	① **개략적 공고** : (　　) 말일까지 시험일시 · 시험방법 등 시험시행에 관한 개략적인 사항을 「신문 등의 진흥에 관한 법률」에 따른 일반일간신문, 관보, 방송 중 하나 이상에 공고하고, 인터넷 홈페이지 등에도 이를 공고해야 한다. ② **구체적 공고** : 시험시행일 (　　) 전까지 시험일시, 시험장소, 시험방법, 합격자 결정방법 및 응시수수료의 반환에 관한 사항 등 시험의 시행에 필요한 사항을 일간신문, 관보, 방송 중 하나 이상에 공고하고, 인터넷 홈페이지 등에도 이를 공고해야 한다.
시 기	* 시험은 매년 '1회 이상' 시행한다. 다만, 시험시행기관의 장은 시험을 실시하기 어려운 부득이한 사정이 있는 경우에는 공인중개사 정책심의위원회의 의결을 (　　), 당해 연도의 시험을 생략할 수 있다.
자격증 교부 및 관리	① (　　　　)가 자격증을 교부하며, 자격증을 "교부"한 (　　　)가 자격증 재교부 및 자격정지 "처분"과 자격취소 "처분", 자격증 반납을 모두 담당한다(청문 · 확인 등의 사전 "절차"는 중개사무소 '관할' 시 · 도지사가 한다). ★ ② **자격증을 양도 · 대여한 경우** : 자격취소 + (　　　　) 이하 ★ ③ **자격증 양도 · 대여를 "알선"한 자** : 1년 징역 또는 1천 이하의 벌금 ④ **공인중개사 '아닌 자'가 공인중개사 명칭(또는 유사명칭) 사용** : (　　　　　) 이하 * 〈판례〉"대표"라는 명칭은 유사명칭에 해당(　　). ★

| 정　답 | 〈시험제도〉① (특 · 광) 시 · 도지사 ② 국토교통부장관 // ① 3년 ② 5년 // ① 2월 ② 90일 // 거쳐 // 〈교부〉① 시 · 도지사, 시 · 도지사 ② 1년 − 1천 ③ 1년 − 1천, 된다 |

공인중개사정책심의위원회(국토교통부 소속의 임의기관)	
임의기관	＊ 공인중개사와 관련된 중요한 사항들을 심의하기 위하여 임의기관으로 "국토교통부"에 (　　　　).
구 성	① **위원회의 구성**은 위원장 (　　)명을 포함하여, (　　)명 이상 (　　)명 이내의 위원으로 구성된다. ★ ② **"위원장"**은 (　　　　　)이며, 사무처리 "간사"는 국토교통부 소속 공무원 중에서 (　　)이 (　　)명을 지명한다. ★ ③ **"위원"**은 (　　　　　)이 임명 또는 위촉을 하며, 국토교통부의 (　　)급 이상 공무원, 고위공무원단에 속하는 일반직 공무원, 학식·경험이 풍부한 자, 변호사, 공인회계사, 부교수 이상, 소비자단체 또는 소비자보호원의 임직원 등으로 구성된다. ④ **위원**의 **"임기"**는 공무원은 재직기간이며, 그 외의 자는 (　　)년이다. 사임 등으로 인한 "보궐"의 경우에는 전임자의 "남은 기간"이 임기가 된다.
의 결	① 재적위원 (　　　)의 출석으로 개의하고, "출석위원" (　　　)의 찬성으로 의결한다. ② **심의사항** 〈손.자.보.육〉 ★ : ㉠ (　　　)책임의 보장에 관한 사항, ㉡ (　　　)취득에 관한 사항(의결에 대하여 "시·도지사"는 이에 따라야 한다) ★, ㉢ (　　　)변경에 관한 사항, ㉣ 중개업 (　　)에 관한 사항을 심의·의결한다. ③ **제척사유** 〈당.친.연.대〉 ★ : "위원"이 안건의 (　　　)이거나 공동 권리·의무자인 경우, "위원"이 안건당사자와 (　　)관계이거나 친족이었던 경우, "위원"이 당해 안건에 대한 (　　)·용역·감정·증언·진술·자문 등을 한 경우, "위원"이 안건당사자의 (　　)이거나, 대리인이었던 경우 등은 당해 위원은 당해 안건에 대한 의결에서 "제척"된다. ④ 위원장은 회의 개최 (　　)일 전까지 회의 소집의 통보를 하여야 한다(단, 긴급사안은 회의 개최 전날까지 통보 가능하다).

정　답　〈임의〉 둘 수 있다 // 〈구성〉 ① 1명, 7명, 11명 ② 국토교통부 제1차관, 위원장, 1명 ③ 국토교통부장관, 4급, 2년 // 〈의결〉 ① 과반수, 과반수 ② 손해배상, 자격, 보수, 육성 ③ 당사자, 친족, 연구, 대리인 ④ 7일 전

	교육제도(4가지)
직무교육	① 새로이 "중개보조원"이 되고자 하는 자는 고용신고일 전 (　)년 이내에 "시·도지사" 또는 "(　　　)"이 실시하는 (　　　)을 받아야 한다. ② 직무교육의 시간은 (　)시간 이상 (　)시간 이하이다. ③ 교육의 내용은 (　　　) 등을 내용으로 한다. ④ 고용관계 종료신고 후, (　)년 이내에 다시 중개보조원으로 고용신고를 하는 경우에는 직무교육이 면제된다. ＊ [☎ 비교 : "중개보조원"의 종료신고 후, '1년' 이내에 "소속공인중개사"(법인의 임원이나 무한책임사원을 포함, 분사무소 책임자 포함) 또는 "개업공인중개사"가 되려는 경우에는 실무교육을 "별도로" 받아야 한다]
실무교육	① 새로이 중개보조원 "이외"의 자(즉, 개업공인중개사, 소속공인중개사, 법인의 임원 또는 무한책임사원, 분사무소 책임자)가 되고자 하는 자는 등록신청일(분사무소설치신고일, 고용신고일) 전 (　)년 이내에 (　　　)이(가) 실시하는 (　　　)을 받아야 한다. ② 실무교육의 시간은 (　)시간이다. ★★ ③ "실무교육"의 내용은 직무수행에 필요한 전문적인 "법률지식" 및 부동산중개·경영실무 및 직업윤리 등을 내용으로 한다. ★ ④ 폐업신고나 고용관계 종료신고 후, (　)년 이내에 다시 개업공인중개사로 등록을 신청하거나 소속공인중개사로 고용신고를 하는 경우에는 실무교육이 '면제'된다. ★
연수교육	① 실무교육을 받은 자는 실무교육을 받은 후, (　)년마다 (　　　)가 실시하는 (　　　)을 받아야 한다. ② "시·도지사"는 실무교육을 받은 자가 그 교육을 받은 지 2년 되기 (　) 개월 전까지 연수교육 대상임을 통지하여야 한다(☎ 개별 통지 ○, 일괄 공고 ×). ③ "연수교육"의 시간은 (　)시간 이상, (　)시간 이하이며, 교육의 내용은 법·제도의 "변경사항", 부동산 중개실무·경영실무, 직업윤리 등을 내용으로 한다. ④ 연수교육의 대상자가 정당한 사유 없이 이를 받지 아니하면 (　　　) 이하의 과태료처분의 대상이 된다. ⑤ (　　　)은 실무교육, 연수교육, 직무교육에 대한 "교육지침"을 마련하여 시행하게 할 수 있다(★ 교육지침의 내용 : 교육 목적, 대상, 과목, 시간, 강사자격, "수강료", 교육평가 등).
부동산 거래사고 예방교육	① 임의교육 : 국토교통장관, 시·도지사, 등록관청은 필요한 경우, 부동산 거래사고 예방 교육을 실시(　　　). <임의적 교육에 해당> ② 공고 또는 통지 : 거래사고 "예방"교육을 하려는 경우, 교육일 (　)일 전까지 이를 "공고"하거나 "통지"하여야 한다. ★ ③ 교육비 지원 : 대통령령에 따라 교육에 필요한 "비용"(자료·연구·시설·강사료 등)을 지원할 수 있다. ★

정　답 〈직무교육〉 ① 1년, 등록관청, 직무교육 ② 3, 4 ③ 직업윤리 ④ 1년 // 〈실무교육〉 ① 1년, 시·도지사, 실무교육 ② 45 ④ 1년 // 〈연수교육〉 ① 2년, 시·도지사, 연수교육 ② 2개월 ③ 12, 16 ④ 500만원 ⑤ 국토교통부장관 // 〈사고예방교육〉 ① 할 수 있다 ② 10일 전

제3장 중개사무소 개설등록 및 결격사유

중개사무소 개설등록	① **의의** : "등록관청"이 "등록대장(전자대장)"에 개업공인중개사로 "기재"하여 "증명"하는 것을 "등록(登錄)"이라 한다. ② **성격** : 일신전속권, 대인적 성격("1인 1등록주의"), 영속성, "기속행위"(재량행위 ×), 중개업의 "적법요건"에 해당한다. <☎ 무등록 중개업은 불법> ③ **적법요건** : 중개업 등록은 "적법요건"에 불과하며, 중개업의 효력발생요건은 아니다. 즉, 무등록 중개업은 처벌은 되나, 그 무등록 중개를 통한 "거래계약"은 (　　　　)이다.
등록절차	① **등록관청** : "중개사무소"를 두고자 하는 지역의 (　　　　　　)이 등록관청이다. ★ ② **등록신청자** : 법 제9조 제2항 　㉠ "공인중개사"(소속공인중개사는 (　　　) 또는 "법인"이 아닌 자는 등록을 신청할 수 없다(법 제9조 제2항). 즉, "공인중개사"(장농면허)와 "법인"(설립등기가 된 법인)만이 중개업 등록을 할 수 있다. 　㉡ '비법인사단'이나 '소속공인중개사' 상태에서는 등록을 할 수 "없다". ★ ③ **등록절차** : 〈신청 ⇨ 등록 ⇨ 보증 ⇨ 증〉 　㉠ (요건의 구비) 등록의 "신청"(신청서 + 등록수수료) ⇨ ㉡ "등록"(등록대장에 기재하여 등록 및 등록의 서면 통지)[등록신청일로부터 (　)일 이내에 등록] ⇨ ㉢ (　　　　　) **(업무개시 전까지)** 설정 ⇨ ㉣ 업무보증이 확인되면, (　　　) 등록"증" 교부 ⇨ 등록증을 중개사무소에 "게시"한 후, 업무를 개시하여야 한다. ④ **등록요건** 　㉠ **공인중개사인 개업공인중개사로 등록을 하려는 경우** : 〈자.결.사.실〉 <table><tr><td>ⓐ 공인중개사 자격을 취득하여야 한다. ⓑ 결격사유는 없어야 한다. ⓒ (건축물대장에 기재된 건물에) 중개사무소를 확보하여야 한다(가설건축물대장에 기재된 건물은 "제외"되고, 준공검사 · 사용승인 · 사용인가 받은 건물은 "포함"한다). ⓓ 등록신청일전 1년 이내에 실무교육을 받아야 한다.</td></tr></table> 　㉡ **법인인 개업공인중개사로 등록을 하려는 경우** : 〈목.자.대.임.사〉 <table><tr><td>ⓐ 법 제14조에 규정된 업무만을 영위할 "목적"일 것, [제14조 : 〈중.관.상.기.분.경.경〉 "중개업", 주택 · 상가건물의 임대관리 등 부동산의 "관리대행", 부동산 이용 · 개발 · 거래에 관한 "상담", "기타" 중개업에 부수되는 각종 용역업의 '알선', "주택 및 상가건물"(토지 ×, 택지 ×)에 대한 "분양대행", (개업공인중개사를 대상) "경영"기법 · 경영정보의 제공, "경매 · 공매" 물건의 권리분석 및 취득의 '알선' 및 입찰신청 · 매수신청의 '대리'] ⓑ 「상법」상의 회사(회사의 종류는 불문)이거나, 「협동조합 기본법」상의 협동조합[사회적 협동조합은 (　　　)]으로서, "자본금"은 (　　　)원 이상이어야 한다. ⓒ "대표자"는 반드시 (　　　　　)이어야 한다. ⓓ (대표자 자격증을 "제외"하고도) "임원(무한책임사원)"의 (　　　) 이상이 공인중개사이어야 하며, "임원(무한책임사원)" "전원"이 (　　　) 교육을 받고, 결격사유는 없어야 한다[단, 합자(合資)회사의 유한책임사원은 실무교육을 받지 않는다]. ⓔ 중개 "사무소"를 확보하여야 한다. 건축물대장에 기재된 건물이어야 하고, "가설건축물대장"에 기재된 건물은 (　　　)하며, "준공검사 · 사용승인 · 사용검사" 등을 받은 건물은 "포함"한다.</td></tr></table>

등록 소멸	〈취.사.해.폐〉 등록의 "취소"처분, "사망, 해산", "폐업"신고의 수리로 등록은 실효(失效)된다. 실효된 이후의 중개업은 무등록중개업으로 처벌된다.
제 재	① **이중등록** : (　　　) 등록취소 ＋ (　　　　　) 이하 ② **이중소속** 　㉠ **개업공인중개사** : (　　　) 등록취소 ＋ (　　　　) 이하 ㉡ **소속공인중개사** : 자격정지 ＋ (1년 − 1천 이하) ㉢ **중개보조원** : 1년 − 1천 이하 ③ **등록증 양도·대여** : (　　　) 등록취소 ＋ (　　　　) 이하(이를 "**알선**"한 자도 1년 − 1천 이하로 처벌) ④ **부정한 방법으로 등록** : (　　　) 등록취소 ＋ (　　　　) 이하 ⑤ **무등록 중개업** : (　　　　) 이하

| 정　　답 | 〈등록〉 ③ 유효 // 〈절차〉 ① 시·군·구청장 ② 제외 ③ ㉡ 7일 ㉢ 업무보증 ㉣ 지체 없이 ④ ⓑ 제외, 5천만 ⓒ 공인중개사 ⓓ 1/3, 실무 ⓔ 제외 // 〈제재〉 ① 절대적, 1년 − 1천 ② 절대적, 1년 − 1천 ③ 절대적, 1년 − 1천 ④ 절대적, 3년 − 3천 ⑤ 3년 − 3천 |

	등록 및 중개업 종사의 "결격(缺格)사유"(법 제10조)
결격사유 (등록불가, 종사불가)	• 다음의 어느 하나에 해당되면, 결격사유에 해당되어, 중개업에 종사를 할 수 없다. 1. 〈미.피.피.파〉 　① (　　　　　　　　　　) 　② "피한정"후견인(개시심판을 받은 자) 　③ "피성년"후견인(개시심판을 받은 자) 　　＊ ☎ 〈주의〉 "피특정"후견인은 결격사유가 "아니다". 　④ (　　　　　　　　). 　　＊ ☎ 〈주의〉 '신용불량자'나 '개인회생 신청자'는 결격사유가 "아니다". 2. 〈집.집.집〉 　⑤ (어떠한 법을 위반하여) 금고(禁錮) 이상(사형, 징역, 금고)의 실형의 선고를 받고, '집행'이 "종료"되거나, '집행'이 "면제"되고, (　　)년이 경과되지 아니한 자 　　㉠ "집행종료"로서, '만기석방'을 받고 ＋ "3년"이 경과되지 아니한 자 　　㉡ 형 집행 중, "가석방"을 받고 "잔여형기 경과" ＋ "3년"이 경과되지 아니한 자 　　㉢ "집행면제"로서, "특별사면"을 받고 ＋ "3년"이 경과되지 아니한 자 등 　⑥ (어떠한 법을 위반하여) 금고 이상의 형에 대한 "집행유예" 선고를 받은 경우, 집행유예기간이 "만료"되고 "2년"이 경과되지 아니한 자 ★ 　　＊ ☎ 〈주의〉 "기소유예"나, "선고유예"는 결격사유가 아니다. 3. 〈이.벌.쌈.쌈〉 　⑦ (　　　) 위반으로 ＋ (　　　)만원 이상의 벌금형의 선고를 받고 ＋ (　　　) 경과되지 아니한 자 　　(☎ 주의 : ㉠ 「공인중개사법」 이외의 "다른" 법률 위반으로 받은 벌금형은 결격사유가 아니다. ㉡ 직원 때문에 법 제50조의 "양벌규정"에 따라 받은 벌금형은 본인의 결격사유는 아니다)

	4. 〈"취소"했.."삼"〉 ⑧ 이 법(「공인중개사법」) 위반으로 ＋ "자격취소" ＋ (　　) 경과되지 아니한 자(예외 없음) ⑨ 이 법(「공인중개사법」) 위반 ＋ "등록취소" ＋ (　　) 경과되지 아니한 자(예외 있음) ☎ [예외 〈결격·사망·해산·미달·폐업 전 사유〉 : ㉠ 결격·사망·해산·등록기준 미달을 원인으로 한 등록취소는 그 원인이 해소되어야 종사가 가능하다. ㉡ 폐업 전 사유로 재등록관청이 등록을 취소한 경우에는 폐업기간을 공제한다] 5. 〈"정지"는 "기간"〉 ⑩ 이 법 위반 ＋ "자격정지" ＋ 그 기간 중인 자(소속공인중개사를 대상으로 한다) ⑪ 이 법 위반 "업무정지" 받고 폐업신고를 한 자로서, 업무정지기간이 경과되지 아니한 자 ⑫ 법인인 개업공인중개사의 "업무정지" (　　　　　　) '당시의 임원·사원이었던 자로서, 당해 중개법인에 대한 업무정지기간이 경과되지 아니한 자 〈★ 사발당 － 임원은 결격〉 (☎ 주의 : ㉠ 사유발생 '후'에 선임된 임원·사원은 결격이 아니다. ㉡ 사유발생 당시의 "직원"도 결격이 아니다) 6. 〈임원결격, 법인결격〉 〈일부무효, 전부무효〉 ⑬ 법인인 개업공인중개사의 임원 또는 (무한책임)사원 (즉, 경영진) 중 결격사유에 해당하는 자가 있는 (중개)법인도 "결격"에 해당한다(사유발생일로부터 2개월 이내에 해소하지 아니하면, 법인의 등록은 취소된다).
효 과	① 처음부터 결격사유(법 제10조)에 해당하면, 중개업 등록을 할 수 없고, 고용인으로 종사할 수도 없다. 즉, 개업공인중개사나 소속공인중개사나 중개보조원, 법인의 임원(사원), 분사무소 책임자 등이 될 수 없다. ② 등록된 "개업공인중개사"가 차후에 후발적으로 결격사유가 발생되면, 기존의 등록은 취소된다(절대적 등록취소사유). ③ 법인인 개업공인중개사의 "임원(또는 사원)"이 차후에 결격사유에 해당되면, "2개월" 이내에 해소하여야 하고, 위반시에는 법인의 "등록은 취소된다(절대적 등록취소사유)". ④ 법인인 개업공인중개사이든, 개인인 개업공인중개사이든, "고용인(직원)"이 차후에 결격사유에 해당되면, "2개월" 이내에 해소하여야 하고, 위반시에는 개업공인중개사는 "(6개월 이내) 업무정지"처분의 대상이 된다.
〈주의〉	① 혼인을 한 "미성년자"는 결격사유자 (　　　). ② "피특정후견인"은 결격사유자 (　　　). ③ 징역이나 금고에 대한 "선고유예"를 받은 자는 결격사유자 (　　　). ④ 이 법 위반으로 벌금형을 "200만원"을 받은 자는 결격사유자 (　　　).

<table>
<tr><td>정　답</td><td>〈결격〉 ① 미성년자 ④ 파산자(파산선고 받고 복권되지 아니한 자) ⑤ 3년 ⑦ 이 법 ＋ 300만원 ＋ 3년 ⑧ 3년 ⑨ 3년 ⑫ 사유발생 당시 // 〈주의〉 ① 이다 ② 아니다 ③ 아니다 ④ 아니다</td></tr>
</table>

제4장 중개업의 경영 일반

개업공인중개사(3종류)

	종 별	법인인 개업공인중개사	공인중개사인 개업공인중개사	부칙상의 개업공인중개사(중개인)
개업공인 중개사의 업무범위	지역 범위	"전국"소재 모든 물건	"전국"소재 모든 물건	중개사무소가 소재하는 ① (　　) 안에 소재하는 물건(＋ 거래정보망에 공개된 물건은 무제한)
	겸업 범위	② 법 (　　)에 규정된 업무에 한정됨	㉠ 겸업 제한 없음 ㉡ 법 제14조 업무 모두 가능	㉠ 겸업 제한 없음(원칙) ㉡ 다만, 법 제14조 업무 중에서 경매·공매 부동산 알선 및 대리는 불가

법 제14조

★ 법 제14조 업무 〈중.관.상.기.분.경.경〉★★
㉠ "중개업"(본업) ＋ (이하는 겸업에 해당됨)
㉡ 부동산의 임대관리 등 (　　　　)대행
㉢ 부동산의 이용·개발·거래에 관한 (　　　　)
㉣ 기타 중개업에 부수되는 각종 용역업의 (　　　　)
㉤ "주택" 및 "상가건물"에 대한 (　　　　)대행
㉥ "개업공인중개사"를 대상으로 중개업의 (　　　)기법 및 (　　　)정보의 제공
㉦ 「민사집행법」상의 (　　　)·「국세징수법」상의 공매 물건(부동산)의 권리분석 및 취득의 "알선" 및 입찰신청·매수신청의 "대리"

〈주의〉

① 〈유사업종〉㉠ 부동산 임대업 ㉡ 부동산 개발업 ㉢ 중개업에 부수되는 각종 "용역업" ㉣ "토지분양대행" ㉤ 주택 "용지"나 상가 "용지" 분양대행 ㉥ "공장건물" 분양대행 ㉦ 공인중개사를 대상으로, 중개업의 창업기법·창업정보의 제공 ㉧ 부동산거래정보망 ㉨ 부동산 매매업 등은 법 제14조에 규정된 업무가 아니다.
② 위 ①의 〈유사업종〉 업무는 "법인"인 개업공인중개사는 수행할 수 "없다". ★
③ "개인"인 개업공인중개사는 겸업에 대한 제한이 원칙적으로 없으므로, 위 ①의 〈유사업종〉의 수행이 "가능"하다. ★
④ "법인"인 개업공인중개사가 법 제14조에 규정된 업무 이외의 업무를 수행한 경우에는 등록 기준에 위반되며, 이는 "상대적 등록취소" 사유에 해당되어, 등록이 취소될 수 있다.
⑤ 법인인 개업공인중개사는 부동산거래정보사업자가 될 수 없다. ★

정　답	〈개업공인중개사〉① 특·광·도 ② 14조 // 〈법 제14조〉㉡ 관리 ㉢ 상담 ㉣ 알선 ㉤ 분양 ㉥ 경영, 경영 ㉦ 경매

고용인(직원)	
고용신고 및 종료신고	① **고용신고** 　㉠ (　　　　　　　)까지 "개업공인중개사"가 신고하여야 한다. ★ 　㉡ "등록관청"은 고용인의 자격증과 교육수료 여부, 결격사유(한국인) 해당 여부를 확인하여야 한다. 　㉢ 개업공인중개사가 '외국인'을 고용한 경우에는 외국인의 결격사유 없음을 증명할 수 있는 서류를 첨부하여 고용신고를 하여야 한다. ★ 　㉣ 고용신고는 "전자문서"에 의한 신고가 (　　　)하다. <고용 － 전자> ② **고용관계 "종료"신고** : 고용관계 종료일로부터 (　　　) **이내**에 "개업공인중개사"가 종료신고를 하여야 한다. ★ ③ **제재** : "개업공인중개사"가 고용신고나 종료신고를 하지 아니한 경우에는 (　　　　　) 처분 사유에 해당한다.
고용인의 차이점	① **소속공인중개사는 중개업무를 수행할 수 "있다".** 　㉠ 업무를 담당한 소속공인중개사는 "거래계약서"와 "확인·설명서"에 서명 및 날인을 하여야 한다. 　㉡ 부동산거래신고를 "방문신고"시 신고를 대행할 수 있다. 　㉢ 고용숫자의 제한이 없다. 　㉣ 신분의 고지의무가 없다(소속공인중개사의 자격증 원본은 중개사무소에 게시). ② **중개보조원은 중개업무를 수행할 수 "없다".** 　㉠ 거래계약서와 확인·설명서에 서명·날인이 의무가 "없다". 　㉡ 부동산거래신고를 대행할 수 "없다". 　㉢ **"고용(채용) 숫자"의 제한** : 중개보조원에 대하여는 채용 숫자의 제한이 있다(개업공인중개사 및 소속공인중개사를 합한 수의 "5배"를 초과할 수 없다). ★ 　㉣ **"신분의 고지의무"** : 중개보조원은 자신의 신분을 의뢰인에게 "고지"해야 할 의무가 있다(위반시 "500만원" 이하 과태료를 중개보조원과 개업공인중개사에게 "각각" 부과한다. 단, 개업공인중개사의 지도·감독상 주의를 다한 경우에는 개업공인중개사는 면제된다). ★
개업 공인중개사 고용책임	* 개업공인중개사는 기본적으로 고용인에 대한 지도·감독상의 의무와 책임을 진다. ① **고용인의 (　　　　　)행위는 그를 고용한 개업공인중개사의 행위로 "본다", (　　　　　)한다.** ★ ② **개업공인중개사는 고용인의 (　　　)행위로 인한 민사상·행정상·형사상 책임을 진다**(그러므로 고용인의 귀책사유로 인한 중개의뢰인의 손해에 대하여 개업공인중개사도 "같이 책임"을 져야 한다. 또한 고용인으로 인하여 개업공인중개사가 행정상의 책임과 형사상의 책임도 져야 한다). 　㉠ **민사상 연대책임** : 의뢰인에 대한 손해배상책임은 담당 고용인과 개업공인중개사가 "연대"하여 그 손해를 배상할 책임이 있다(차후, 구상권은 행사 가능). ★ 　㉡ **행정상 책임** : 고용인의 업무상 위법행위로 개업공인중개사의 등록이 취소되거나, 개업공인중개사가 업무정지처분을 받을 수도 있다.

　　ⓒ 형사상 책임(양벌규정)
　　　ⓐ 이 법을 위반한 고용인을 징역 또는 벌금형으로 처벌하는 이외에도 그를 고용한 개업공인중개사에게도 해당되는 "벌금형"을 과한다(법 제50조). 단, 지도·감독상의 주의의무를 게을리 하지 않은 경우에는 그러하지 아니하다(법 제50조 단서). 즉, 그 벌금형이 면책된다.
　　　ⓑ 법 제50조의 양벌규정에 의한 벌금형은 개업공인중개사의 결격사유에 해당 (　　　).

정　　답	〈고용신고〉 ① 업무개시 전까지, 가능 ② 10일 ③ 업무정지 // 〈고용책임〉 ① 업무상 행위, 간주 ② 업무상 행위, 하지 않는다

중개사무소 설치와 이전

중개사무소 설치

★ **1등록 1사무소 원칙**[단, 법인인 개업공인중개사는 분사무소(지점) 설치가 가능하다]
★ **이중사무소(임시시설물) 설치금지** : 등록을 한 중개사무소 이외에, 또 다른 중개사무소를 설치하거나, 중개행위에 필요한 임시시설물을 설치하여서는 아니 된다. - 위반시(상대적 등록취소사유) + (1년 이하의 징역 또는 1천만원 이하의 벌금형) ★

① **중개사무소 명칭**
　　㉠ 개업공인중개사는 "(　　　　　　　　)"(부칙상 개업공인중개사는 사용제외) 또는 "(　　　　　　)"라는 명칭을 사용하여야 한다(위반시 "100만원" 이하 과태료).
　　㉡ 개업공인중개사가 "**아닌 자**"는 위의 명칭을 사용할 수 없다(위반시 1년 이하의 징역 또는 1천만원 이하의 벌금형). ★

② **간판실명제**
　　㉠ **성명표기의무** : 옥외광고물(간판)을 설치할 의무는 "없으나", 설치한 경우에는 개업공인중개사의 "**성명**"을 반드시 명시하여야 한다(위반시 "100만원" 이하 과태료).
　　㉡ **간판철거의무** : 〈☎ 취.폐.리〉 등록취소, (　　　　　), 중개사무소 이전 신고시에는 간판을 (　　　) 철거하여야 한다(위반시, '철거명령'과 '행정대집행법'에 따라 대집행).

③ **중개사무소 게시의무** : 〈☎ 등.자.보.수〉(위반시 "100만원" 이하 과태료)
　　* 개업공인중개사는 중개사무소 보이기 쉬운 곳에 다음의 것을 게시하여야 한다.
　　㉠ 〈**등록증 원본**〉 중개업 "등록증"과 「부가가치세법」상의 사업자 "등록증" 원본(분사무소는 신고확인서)
　　㉡ 〈**자격증 원본**〉 공인중개사 "자격증" 원본(개업공인중개사 + '소속공인중개사'의 자격증을 모두 게시)
　　㉢ 〈**보증증서**〉 업무 "보증"설정 증명서류
　　㉣ 〈**수수료표**〉 "수수료 (중개보수·실비) 한도액표"(☎ 주의 : 실무교육수료증이나 인근지역 지도의 게시의무가 없다)

정　　답	〈중개사무소 설치〉 ① ㉠ 공인중개사사무소, 부동산중개 ② 폐업신고시, 지체 없이

중개사무소 이전	① **동일한 관할구역(시·군·구) "안에서" 이전을 한 경우** 　㉠ 개업공인중개사가 중개사무소를 등록관청 관할구역 "안"에서 이전을 한 경우, 이전한 　　날로부터 (　　) 이내에 등록관청에 이전신고를 하여야 한다(위반시에는 100만원 이하 　　과태료처분). ★ 　㉡ 제출서류 : 〈☎ 이.사.등〉 이전신고서 + 사무소확보증명서류 + "등록증"(재교부 원칙) 　　★ 등록증에 (주소 등) 기재사항을 변경하여 "변경교부" (　　　　)하다. ② **관할구역(시·군·구) "밖으로" 이전을 한 경우** 　㉠ 개업공인중개사가 중개사무소를 등록관청 관할구역 "이외"의 지역으로 이전을 한 경우, 　　이전을 한 날로부터 (　　) 이내에 (　　　　　)의 등록관청에 이전신고를 하여야 한다. 　　위반시에는 (　　　　) 이하의 과태료처분의 대상이 된다. 　㉡ 제출서류 : 〈이.사.등〉 이전신고서 + 사무소확보증명서류 + "등록증"(재교부) 　　★ 등록증 (주소 등) 기재사항을 변경하여 교부 (　　　　)하다. ③ **개업공인중개사의 지위 및 행정처분의 승계** 　㉠ 중개사무소를 이전하여도, 개업공인중개사의 지위는 그대로 승계가 된다. 　㉡ 이전 "전"에 발생한 위법행위에 대하여는 (　　　　)의 등록관청이 행정처분을 행한다.
중개법인의 분사무소	* **법인인 개업공인중개사에 한하여 주된 사무소(본점)과 별도로 분사무소(지점)을 설치할 수 있으며, 개인인 개업공인중개사는 절대로 분사무소를 설치할 수 없다.** ① **법인인 개업공인중개사의 분사무소 설치요건 : 〈☎ 책.보.시.주〉** 　㉠ 분사무소의 "책임자"는 (　　　　　)이어야 하고, (　　　　　)교육을 수료하여야 하고, 　　결격사유가 없어야 한다(★ "다른 법"에 따라 중개업을 할 수 있는 지역농업협동조합 등의 　　"특수법인"에게는 적용 되지 아니한다). 　㉡ 분사무소별로 "업무보증"을 (　　　　) "추가"로 설정하여야 한다. 　㉢ 분사무소는 (　　　　)별로 1개를 초과할 수 없다. 　㉣ 분사무소 설치는 "주된 사무소" 소재지 관할구역을 (　　)한다. 그러므로 주된 사무소가 　　소재하는 시·군·구 관할 내에 분사무소를 설치할 수 (　　　　). ② **분사무소의 설치신고, 이전신고, 휴업신고, 폐업신고 : 모두 "(　　　) 사무소" 소재지 등록관청 에 하여야 한다. ★** ③ **분사무소 이전신고를 받은 (주사무소) 등록관청은 이전 전 (　　) 이전 후의 분사무소 관할 시·군·구청장에게 지체 없이 통보하여야 한다. ★**
공동사무소	① 개업공인중개사의 **종별**을 (　　　) 하고 설치 가능하다. ② **중개업 운영**(인장등록, 업무보증 등)은 (　　　　　). ③ **설치방법** : 기존 개업공인중개사의 (　　　　)를 첨부하여 '신규 등록'을 하거나, 기존 개업공인 　중개사의 (　　　　)를 첨부하여 '이전신고'를 하여야 한다. ④ **설치제한** : (　　　　　)인 개업공인중개사는 "사용승낙서"를 제공할 수 "없으며", 자신의 　이전신고로 다른 개업공인중개사와 공동 활용할 수도 "없다"(★ 휴업 중 ×). (다만, 개업 　공인중개사가 업무정지처분을 받기 전부터 "이미" 공동 활용 중인 "다른" 개업공인중개사 　는 사무소를 계속 활용할 수 있다)

정　답　〈중개사무소 이전〉 ① ㉠ 10일 ㉡ 가능 ② ㉠ 10일, 이전 후, 100만원 ㉡ 불가 ③ 이전 후 // 〈분사무소〉
① ㉠ 공인중개사, 실무 ㉡ 2억원 이상 ㉢ 시·군·구 ㉣ 제외, 없다 ② 주된 ③ 및 // 〈공동사무소〉 ① 불문 ② 각자
하여야 한다 // ③ 사용승낙서, 사용승낙서 // ④ 업무정지 중

	광고와 모니터링
광 고	① **광고실명제** : ㉠ 중개사무소 – 소재지, 연락처, 명칭, 등록번호 ㉡ 개업공인중개사 – 성명 (법인은 대표자, 분사무소는 책임자) ☎ 중개보조원의 성명은 표기 (　　　　). ② **"인터넷" 광고시 추가사항** : ㉠ 〈☎ **소.면.가.종.형**〉 중개대상물의 소재지, 면적, (　　　). 종류, 거래형태 ㉡ **"건물"의 경우** : 〈☎ **총.사.방.방.욕.입.주.관**〉 총 층수, 사용승인일, 건물의 (　　　), 방의 수, 욕실의 수, 입주가능일, 주차대수, (　　　). ★ ③ 개업공인중개사는 허위·부당·과장광고 등을 해서는 아니 된다. 위반시 (　　　) 이하 과태료 ④ 개업공인중개사가 '아닌' 자는 중개대상물 표시·광고를 해서는 아니 된다. 위반시 (　　　).
모니터링	① (　　　　　　)은 인터넷 광고가 적법한지 여부를 모니터링할 수 있다. ② '국토교통부장관'은 '정보통신서비스제공자'에게 자료제출 및 조치·명령을 할 수 있다. 불응시 (　　　) 이하 과태료를 부과할 수 있다. ③ 모니터링 수탁기관은 기본모니터링과 수시모니터링을 할 수 있다. 　㉠ **기본모니터링** : "기본계획서"를 '12월 31일'까지 국토교통부장관에게 제출하고, "결과보고서"는 매 분기 종료일(마지막 날)부터 (　　　)일 이내에 제출하여야 한다. 　㉡ **수시모니터링** : "수시계획서"를 국토교통부장관에게 제출하여야 하고, "결과보고서"는 업무 완료한 날부터 (　　　)일 이내에 제출하여야 한다.
	인 장
인장등록 (중개보조원 제외)	① **인장등록의 시기** : "개업공인중개사"와 "소속공인중개사"는 각각 "(　　　　) 전"까지는 인장등록을 하여야 하고, 중개사무소 개설등록을 하거나, 고용신고를 할 때에도 인장등록을 할 수도 있다. ② **등록할 인장** 　㉠ 〈☎ **개인은 가.주.치.세**〉 개인(공인중개사인 개업공인중개사, 부칙상의 개업공인중개사, 소속공인중개사)은 "가족관계등록부"나 "주민등록표"에 기재된 성명(실명)이 나타나야 하며, 인장의 크기는 가로·세로 각각 (　　　)mm 이상 (　　　)mm 이하이어야 한다. 　㉡ 〈☎ **법인은 인감증명서**〉 　　ⓐ 법인(주된 사무소)은 "상업등기규칙"에 따라 신고한 "법인의 인장"으로 등록을 하여야 한다. 　　ⓑ **법인의 분사무소** : ⓘ 원칙은 (　　　　)으로 등록을 "하여야" 한다. ⓘⓘ 편의상 예외적으로 (　　　　)으로 등록을 "할 수도" 있다. 　　ⓒ 분사무소의 인장은 "(　　) 사무소" 소재지 등록관청에 하여야 한다. 　　ⓓ 법인은 주된 사무소나 분사무소나 모두 **"인감증명서"** 제출로 갈음한다. ③ **인장변경** : 인장이 변경된 날로부터 (　　　) 이내에 변경등록을 하여야 한다. ★ ④ **제재** : 〈☎ **인장 – 정지**〉 인장등록을 하지 아니하거나, 거래계약서나 확인·설명서 등에 등록한 인장을 사용하지 아니한 경우, 개업공인중개사는 (　　　　), 소속공인중개사는 (　　　　)의 대상이 된다. ⑤ **전자문서 가능** : 〈☎ **인장 – 전자**〉 인장등록은 전자문서에 의한 등록(변경등록 포함)이 가능하다.

휴업과 폐업	
휴업신고/ 폐업신고/ 재개신고/ (휴업기간) 변경신고	• 개업공인중개사의 중개업에 대한 휴업신고 · 폐업신고 · 휴업신고 후의 업무재개신고 · 휴업기간 변경신고는 모두 "사전"에 미리 해야 할 사전신고사항이다. ① **휴업신고(방문신고해야 한다)** 　㉠ 개업공인중개사는 (　　)을 초과하는 휴업을 "하고자" 할 때, (　　)을 첨부하여, "사전"에 미리 '방문신고' 하여야 한다. ★ 전자문서는 (　　)하다. 　㉡ 휴업기간은 (　　)을 초과할 수 없다(원칙). 　　★ **예외** − 부득이한 사유(징집, 질병, 취학, 공무, 임신 · 출산 등)가 있는 경우에는 6개월을 초과하는 휴업도 가능하다. 　㉢ 부득이한 사유 없이 6개월을 초과하는 무단 휴업은 (　　　)사유에 해당한다. ② **폐업신고(방문신고해야 한다)** : 폐업을 하고자 할 때 (　　)을 첨부하여, 사전에 미리 '방문신고' 하여야 한다. ★ 전자문서는 (　　)하다. ③ **재개신고** : 휴업신고 후, 재개하고자 할 때 미리 신고하여야 한다. 　★ 전자문서에 의한 신고가 (　　)하다(☎ 재개신고를 받은 등록관청은 등록증을 '즉시 반환'해야 한다). ④ **휴업기간 변경신고** : 신고한 휴업기간을 변경하고자 할 때 미리 신고하여야 한다. 　★ 전자문서에 의한 신고가 (　　)하다. ⑤ **위반시 제재** : 휴업 · 폐업 관련 신고의무 위반시 모두 (　　) 이하 과태료처분사유에 해당된다. ⑥ **간판철거 의무 여부** : 휴업신고시에는 간판철거를 (　　　), "폐업신고"를 한 경우에는 "지체 없이" 중개사무소 간판을 철거 (　　　).

정　답	〈광고〉 ① 해서는 아니된다 ② ㉠ 가격 ㉡ 방향, 관리비 ③ 500만원 ④ 1년 이하의 징역 또는 1천만원 이하 벌금 〈모니터링〉 ① 국토교통부장관 ② 500만원 ③ ㉠ 30일 ㉡ 15일 // 〈인장등록〉 ① 업무개시 ② ㉠ 7mm, 30mm ㉡ 법인의 인장, 대표자가 보증하는 인장, 주된 ③ 7일 ④ 업무정지, 자격정지 // 〈휴업 · 폐업〉 ① ㉠ 3개월, 등록증, 불가 ㉡ 6개월 ㉢ 상대적 등록취소(업무정지) ② 등록증, 불가 ③ 가능 ④ 가능 ⑤ 100만원 ⑥ 할 필요가 없으나, 하여야 한다

<table>
<tr><td colspan="2" align="center">제5장 개업공인중개사의 의무</td></tr>
<tr><td>기본윤리</td><td>① "개업공인중개사" 및 "소속공인중개사"는 전문직업인으로서 품위유지, 신의성실, 공정하게 중개업무를 수행하여야 한다.
② 품위유지, 신의성실, 공정중개 의무는 "중개보조원"에게는 적용 (　　　).
③ 판례상의 의무 : 개업공인중개사에게 "선량한 관리자"의 주의 의무가 (　　). (☎ 자기재산과 동일한 정도의 주의의무 ×)</td></tr>
<tr><td>비밀준수
의무</td><td>① 개업공인중개사 등은 업무상 알게 된 의뢰인의 비밀을 누설하여서는 아니된다. 비밀준수의무는 개업공인중개사 "등"에게 모두 적용된다. "중개보조원"에게도 비밀준수의무는 적용 (　　　).
② 비밀준수의무는 그 직을 떠난 후에도 적용 (　　　) ★
③ 위반시 (　　　　　　)의 대상이 된다. 다만, 피해자(의뢰인)의 명백한 의사에 반해서는 처벌할 수 없다. 즉, (　　　　)에 해당된다(☎ 친고죄 ×). ★</td></tr>
<tr><td>중개계약</td><td>① 중개계약의 성격 : "민사중개"계약, "낙성·불요식"계약, "유상"·쌍무계약, "위임" 유사(선관주의의무부담). 비(非)전형계약에 해당된다.
② 종류 : "일반중개계약"(불특정 다수의 개업공인중개사에 의뢰)과 "전속중개계약"(특정한 개업공인중개사를 지정하여 그에 한하여 중개할 수 있도록 의뢰)을 규정하고 있다.</td></tr>
<tr><td>일반
중개계약</td><td>① 중개의뢰인은 "일반중개계약서"의 작성을 요청 (　　　　).
② 중개의뢰인의 작성 요청시에 개업공인중개사는 작성해야 할 의무가 (　　　). ★
③ (　　　　　)은 일반중개계약서의 표준서식을 정하여 그 사용을 권장할 수 있다.
④ 현재 권장서식은 있으나, 개업공인중개사는 이를 사용해야 할 의무가 (　　　). 사용하여 작성을 한 경우라 하더라도, 이를 보존해야 할 의무가 (　　　). ★</td></tr>
<tr><td>전속
중개계약</td><td>① 전속 개업공인중개사의 의무 ★★
　㉠ 전속중개계약서(법정강제양식)을 작성하여야 하며, 이를 (　　)년간 보존하여야 한다.
　　(☎ 위반시 업무정지)
　㉡ (비공개 요청이 없는 한) 물건에 관한 정보를 (　　)일 이내에 공개해야 한다. ⇨ 일간신문 (　　) 거래정보망에 공개해야 한다(☎ 위반시 상대적 등록취소사유, 또는 업무정지).

　┌─────────────────────────────
　│〈정보공개사항〉〈☎ 기.권.공법.수.벽.일.도.거.지〉
　│㉠ 물건(특정을 위한) 기본적인 사항, ㉡ 권리관계, ㉢ 공법상 이용제한·거래규제,
　│㉣ 수도·전기·가스 등의 내·외부시설물의 상태, ㉤ 벽면·도배상태, ㉥ 일조·소음·진동 등의 환경조건, ㉦ 도로·대중교통 등 입지조건, ㉧ (　　　　　), ㉨ (　　　　)
　└─────────────────────────────
　★ (☎ 정보공개시 : 권리자 '인적사항'은 절대로 공개해서는 아니 되며, '공시지가'는 "임대차" 물건인 경우 공개를 생략할 수 있다)
　㉢ 공개한 내용을 (　　　) 서면·"문서"로 이를 통지하여야 한다(☎ 위반시 업무정지).
　㉣ 업무처리 상황을 (　　)주일에 (　　)회 이상, 서면·"문서"로 통지하여야 한다.
　　(☎ 위반시 업무정지)</td></tr>
</table>

② 전속중개의뢰인의 의무 ⇨ 전속중개계약의 유효기간은 (   )이 원칙이다.
　☎ 〈유효기간 중에〉
　㉠ 〈다른〉 전속중개의뢰인이 '다른' 개업공인중개사에게 의뢰하여 거래한 경우 : 약정한 중개
　　보수의 (   )%를 "위약금"으로 지급하여야 한다.
　㉡ 〈배제〉 소개한 전속 개업공인중개사를 '배제'하고 직거래한 경우 : 약정한 중개보수의 (   )%
　　를 "위약금"으로 지급하여야 한다.
　㉢ 〈스발상〉 의뢰인이 스스로 발견한 상대방과 직거래한 경우 : 약정한 중개보수의 (   )%
　　범위 내에서 소요된 (   )을 지급하여야 한다(★ ㉠, ㉡, ㉢으로 인한 거래계약은
　　모두 유효하다).

정　답	〈기본윤리〉 ② 되지 아니한다 ③ 있다 // 〈비밀준수〉 ① 된다 ② 된다 ③ 1년 − 1천, 반의사불벌죄 // 〈일반중개계약〉 ① 할 수 있다 ② 없다 ③ 국토교통부장관 ④ 없다, 없다 // 〈전속중개계약〉 ① ㉠ 3년 ㉡ 7일, 또는 ⓞ 거래예정금액 ㉥ 공시지가 ㉢ 지체 없이 ② 2, 1 ② 3개월 ㉠ 100% ㉡ 100% ㉢ 50%, 비용

구 분	일반중개계약서 서식(권장서식)	전속중개계약서 서식(강제서식)
	☎ 일반중개계약서, 전속중개계약서 서식은 시행규칙(국토부령) 별지서식으로 정해져 있다.	
차이점	1. 乙(개업공인중개사)의 의무사항 2. 甲(의뢰인)의 의무사항(협조의무는 공통) ★	1. 乙(개업공인중개사)의 의무사항 2. 甲(의뢰인)의 의무사항(협조의무는 공통) ★
	3. 유효기간 : "3개월"을 원칙, (협의하여 별도로 정할 수 있음) ★ 4. 중개보수 ★ 5. 乙(개업공인중개사)의 손해배상책임 6. 그 밖의 사항 : 별도의 사항에 대하여 합의하여 정할 수 있음 * (★개업공인중개사와 중개의뢰인은 서명 "또는" 날인을 한다)(서명 및 날인 ×) 　(☎ 소속공인중개사는 서명 날인의무가 없다)	
공통점	〈권리 이전용〉 ★ ① 소유자 및 등기명의인 ② 중개대상물의 표시(소.면.연.구.용/ 소.면.지.지.용) 　㉠ "건축물" : 소재지, 면적, (건축)연도, 구조, 용도 　㉡ "토지" : 소재지, 면적, 지목, 지역·지구 등, (현재) 용도 　㉢ 은행융자·권리금·제세공과금 등 (또는 월임대료, 보증금, 관리비용) ③ 권리관계 ④ 거래규제 및 공법상 제한 사항 ⑤ 중개의뢰가액 ⑥ 기타	
	〈권리 취득용〉 ★ (☎ 4가지 "희망"사항 기재) ① "희망"물건의 종류 ② 취득"희망"가액 ③ "희망"지역 ④ 그 밖의 "희망"조건	
	☎ 중개계약서 기재란에는 "권리이전용"과 "권리취득용"으로 구분되어 있다.	

중개대상물 확인 · 설명의무와 확인 · 설명서 작성의무	

<table>
<tr><td rowspan="1">

중개대상물
확인 ·
설명의무</td><td>

① **거래 완성 "전"의 중개대상 물건 설명의무**

⇨ 중개의뢰를 받아서 중개(의뢰)계약을 체결한 개업공인중개사는 권리를 (　　　) 하고자 하는 의뢰인에게 물건에 관한 "설명"을 성실 · 정확하게 설명하여야 하며, 설명의 근거 자료(대장, 등기부 등)를 "제시"하여야 한다.

② **설명하여야 할 사항**

㉠ 개업공인중개사는 다음의 사항을 설명하여야 한다(물건설명의무).

> 〈물건에 대한 설명사항〉〈기.권.공법.수.벽.일.도.조.거.수〉
> ⓐ 〈**기**〉 물건의 기본적인 사항(소재지, 면적 등)
> ⓑ 〈**권**〉 권리관계
> ⓒ 〈**공법**〉 공법상 이용제한 · 거래규제
> ⓓ 〈**수**〉 수도 · 전기 · 가스 등의 내 · 외부시설물의 상태
> ⓔ 〈**벽**〉 벽면 · 바닥면 · 도배 상태
> ⓕ 〈**일**〉 일조 · 소음 · 진동 등의 "환경조건"
> ⓖ 〈**도**〉 도로 · 대중교통 등의 "입지조건"
> ⓗ 〈**조**〉 "(　　　　)"시 부담할 **조세**의 종류 및 세율(양도세 ×, 보유세 ×)
> ⓘ 〈**거**〉 (　　　　　　　)
> ⓙ 〈**수**〉 거래예정금액에 대한 중개 "보수(중개수수료)" 및 실비 금액 및 산출내역(경제적 가치 ×, 투자수익률 ×)

㉡ "임대차" 중개의 경우 추가 설명사항 : 〈전.세금. 확. 임대인. 최우선.보.관〉★

> ⓐ 〈**전**〉 「주민등록법」 제29조의2에 따른 '**전입세대확인서**'의 열람 또는 교부에 관한 사항
> ⓑ 〈**세금**〉 「국세징수법」 제109조 제1항 · 제2항 및 「지방세징수법」 제6조 제1항 · 제3항에 따라 임대인이 납부하지 아니한 **국세 및 지방세**의 열람을 신청할 수 있다는 사항
> ⓒ 〈**확**〉 「주택임대차보호법」 제3조의6 제4항에 따라 **확정일자**부여기관에 정보제공을 요청할 수 있다는 사항
> ⓓ 〈**임대인**〉〈**최우선**〉 「주택임대차보호법」 제3조의7에 따른 '**임대인의 정보 제시 의무** 및 같은 법 제8조에 따른 보증금 중 일정액의 보호(즉, **최우선변제권**)
> ⓔ 〈**보**〉 「민간임대주택에 관한 특별법」 제49조에 따른 임대보증금에 대한 **보증에 관한 사항**(민간임대주택인 경우)
> ⓕ 〈**관**〉 "**관리비**" 금액과 그 산출내역

③ **위반시 제재**

㉠ "개업공인중개사"는 (　　　　　　)에 처한다. ★

㉡ "소속공인중개사"는 "자격정지"처분의 대상이 된다.

㉢ 중개보조원은 확인 · 설명의무가 없다. ★

④ **판 례**

㉠ 무상(無償) 중개의 경우, 확인 · 설명의무와 손해배상의무가 (　　　). ★

㉡ "근저당"이 설정된 부동산은 (　　　　　)을 설명하여야 한다. ★

</td></tr>
</table>

확인 · 설명서 작성의무 (제25조)	① **거래완성 "후", 확인 · 설명서 작성의무** 거래가 성사가 되면, 개업공인중개사는 "**확인 · 설명서**"(법정강제양식 4종류 : [I] 주거용 건축물, [II] 비주거용 건축물, [III] 토지, [IV] 입목 · 공장재단 · 광업재단)를 작성하고, 최종적으로 서명 (　　) 날인하여(담당 소속공인중개사를 **포함**), 이를 거래당사자 쌍방에게 교부하고, 그 원본, 사본 또는 전자문서를 (　　)년간 보존하여야 한다(공인전자문서센터에 보존시는 제외). ② 확인 · 설명서는 개업공인중개사의 "**기본**" 확인사항"과 "**세부**" 확인사항으로 구별하여 기재한다. "**기본**" 확인사항은 개업공인중개사가 확인하여 기재하며, "**세부**" 확인사항은 의뢰인에게 자료를 요구하여 확인하며, 또한 현장확인 등을 통하여 기재한다. ③ 〈**기본 확인사항**〉 1. 물건의 표시 2. 권리관계 3. 공법상 이용제한 · 거래규제 4. 임대차확인사항(주거용) 5. 입지조건 6. 관리에 관한 사항 7. 비선호시설 8. 거래예정금액 9. 취득 조세는 개업공인중개사의 "(　　　　　　)"에 해당된다. ④ 〈**세부 확인사항**〉 〈**실.내.벽.환.현**〉 10. 실제권리관계 11. 내 · 외부시설물의 상태 12. 벽면 · 바닥면 · 도배 상태 13. 환경조건(일조 · 소음 · 진동) 14. 현장안내(주거용) 이상은 개업공인중개사의 "(　　　　　　)"에 해당된다. ⑤ 〈**중개보수**〉 15. 중개보수는 거래예정가격을 기준으로 계산한 금액 및 산출내역을 별도의 란에 기재한다. (기본 확인사항 ×) (세부 확인사항 ×) ⑥ 〈**주요 작성방법**〉 ★ 　㉠ '**건폐율 · 용적률 상한**'은 (　　　　)에 따라 기재한다. 　㉡ '**임대차**'의 경우, '공시지가 · 공시가격'의 기재를 (　　　　). 　㉢ '**임대차**'의 경우, '취득 조세'는 기재를 (　　　　). 　㉣ '**근저당**'이 설정된 물건은 (　　　　)을 기재한다. 　㉤ '**비선호시설**'은 반경 (　　) 이내의 혐오시설 등을 기재한다.

| 정　답 | 〈확인 · 설명의무〉 ① 취득 ② 취득, 거래예정금액 ③ 500만원 이하 과태료 ④ ㉠ 있다 ㉡ 채권최고액 // 〈확인 · 설명서 작성의무〉 ① 및, 3년 ③ 기본 확인사항 ④ 세부 확인사항 ⑥ ㉠ 시 · 군 조례 ㉡ 생략할 수 있다 ㉢ 제외한다 ㉣ 채권최고액 ㉤ 1km |

거래계약서 작성의무	① **법정서식** : "거래계약서"(매매계약서 등)는 공인중개사법령상의 법정강제양식이 (　　　). ② (　　　　　　　)는 거래계약서의 표준 되는 서식을 정하여 그 사용을 권장할 수 있다. 현재는 권장서식이 공인중개사법령에는 (　　　　). ★ ③ "개업공인중개사"는 거래계약서를 작성하여, 서명 (　　) 날인하여 (담당 소속공인중개사도 "**포함**"), 거래당사자 쌍방에게 교부하고, 그 원본이나, 사본 또는 전자문서를 (　　)년간 보존하여야 한다(공인전자문서센터 보존시 제외). ★ ④ "**이중계약서**"(**거짓계약서**, 서로 다른 2 이상의 계약서) 작성 금지 ⇨ **위반시** : 개업공인중개사는 '상대적 등록취소' 또는 '업무정지' 처분의 대상이 되며, 소속공인중개사의 경우에는 '자격정지'의 대상이 된다. ★ (다만, 1년 - 1천 이하 대상은 아님), (거래계약은 유효함) ★ ⑤ 거래계약서의 "**필요적 기재사항**"(다음의 사항을 반드시 기재하여야 한다) ★ (위반시 개업공인중개사는 "업무정지", 소속공인중개사는 "자격정지" 처분 대상) 〈거래계약서의 필요적 기재사항〉 ★ 〈인.물.물.권.거.계.조.교.기〉 ㉠ 거래당사자의 (　　　　　　　　　　) ㉡ 물건의 (　　　　　　　) ★ (공법상 이용제한 ×) ㉢ 물건의 (　　　　　　) ㉣ 권리이전의 내용 ★ ㉤ 거래대금·계약금 등 그 지급에 관한 사항 ㉥ (　　　　　　　　) ㉦ 조건이나 기한 (있을 때) ★ (취득조세 ×) ㉧ (　　　　　　　　　) 교부일자 ★ (보증증서 교부일 ×) ㉨ 기타 약정(매도인은 담보책임을 지지 아니한다 등의 특약을 기재)

정　답	〈거래계약서〉 ① 없다 ② 국토교통부장관, 없다 ③ 및, 5년 ⑤ 인적사항, 표시, 인도일시, 계약일, 확인·설명서

거래대금의 예치제도	① "**개업공인중개사**"는 (　　　　　　)까지, 계약금 '등'(중도금, 잔금 포함)을 '개업공인중개사' 또는 대통령령이 정하는 "예치명의자"의 명의로, 예치기관에 예치하도록 권고 (　　　　). ② **예치명의자** : 〈☎ 중.은.체.보.신.전.공〉 개업공인"중개사", "은행", "체신관서", "보험회사", "신탁업자", "전문회사", "공제사업자(= 협회). ③ **예치기관** : 금융기관, 공제사업자, 신탁업자 등 ④ **개업공인중개사 명의로 예치시 개업공인중개사의 의무**(☎ 위반시 "업무정지") ㉠ 개업공인중개사는 예치금을 기존 자신의 재산과 (　　　)하여 관리하여야 한다. ㉡ 거래당사자 동의 없이 예치금을 인출하여서는 아니 된다. ㉢ "**예치금액만큼**"의 예치금에 대한 "**지급보증**"(보증보험, 공제, 공탁)을 설정하여야 한다(★ 2억원 이상 ×, 4억원 이상 ×). ⑤ **실비** : "예치"에 소요되는 실비는 미리 약정을 하여야 하고, 실비는 권리를 "(　　　)"하고자 하는 의뢰인, 즉 '매매'의 경우에는 (　　　　)에게 청구할 수 있다.

정　답	〈예치제도〉 ① 계약의 이행이 완료될 때, 할 수 있다 ④ ㉠ 분리 ⑤ 취득, 매수인

금지행위(법 제33조)

금지행위
(법 제33조
제1항)

▶ 법 제33조 제1항의 금지행위 : "개업공인중개사 등"(소속공인중개사, 중개보조원 포함)은 다음의 행위를 하여서는 아니 된다.

① 〈거〉 '거짓'행위 ⇨ 거래상의 "중요사항"에 대하여 "거짓된 언행" 기타 방법으로 의뢰인의 판단을 그르치게 하는 행위는 처벌된다. "가격"은 거래상의 중요사항에 해당 (   ).

② 〈금〉 (중개보수) 초과 '금품' 수수 ⇨ 중개대상물을 중개하고 수수하는 "중개보수"는 법정한도가 있으며, 이를 초과하여 수수한 경우는 처벌된다.
　　㉠ "개업공인중개사"의 법정한도를 초과하는 약정은 (   )이 무효이다. 초과보수를 그대로 반환한 경우, 처벌 (   ). ★
　　　★ 〈비교〉 무등록 중개업자는 초과약정을 한 경우 약정보수 '전부'가 무효이다.
　　㉡ '겸업보수'(분양대행료, 권리금알선료 등)는 '중개보수'의 제한규정이 적용 (   ). ★

③ 〈매〉 중개대상물에 대한 "매매업" ⇨ 중개대상물(토지, 건물 등)에 대한 (   )은 금지행위에 해당된다(비교 : 부동산 임대업은 금지행위에 해당되지 아니한다).

④ 〈친〉 무등록중개업자와 협력(친구)행위 ⇨ 무등록 중개업자임을 (   ) 그와 협력(친구)행위는 금지행위에 해당된다(선의는 처벌되지 ×).

⑤ 〈증〉 거래금지 '증서'에 대한 "매매업"·중개
　　⇨ 관련 법령에서 거래가 "금지"된 부동산 관련 "증서(청약통장 등)"에 대한 "매매업", "중개"는 처벌된다.
　　★ 〈주의〉 동·호수가 "선정"된 (주택분양권이나 상가분양권 등) "분양권"은 거래금지증서에 해당 (   ).

⑥ 〈직〉 중개의뢰인과 '직접' 거래
　　㉠ "중개의뢰인"에는 의뢰인의 대리인이나 수임인이 포함 (   ). ★
　　㉡ "개업공인중개사"에는 '경제공동체'인 '배우자'도 포함 (   ). ★
　　㉢ "다른" 개업공인중개사의 중개를 통한 거래는 직접거래에 해당 (   ). ★
　　㉣ 직접거래를 하더라도 그 계약의 효력은 "인정"(유효)된다. 이 규정은 (   ) 규정에 해당한다. ★
　　㉤ 개업공인중개사뿐만 아니라, 소속공인중개사나 중개보조원도 당연히 중개의뢰인과 직접거래를 하면 처벌된다.

⑦ 〈쌍〉 거래당사자 '쌍방'대리 ⇨ 거래당사자 쌍방으로부터, (   )대리를 하여 계약을 체결한 경우는 처벌된다(비교 : 거래당사자 "쌍방"으로부터 "의뢰"를 받는 것은 처벌되는 것이 아니다).
　　★ 〈주의〉 일방의뢰인으로부터만 대리권을 수여받은 "일방대리"는 처벌되지 아니한다.

⑧ 〈투〉 부동산 투기 조장 ⇨ 미등기 전매행위나 중간생략등기 등을 이용한 "투기조장" 행위는 처벌된다. ★ 〈주의〉 투기 목적으로 투기행위를 한 경우, "전매차익"이 없다 하더라도 금지행위에 해당(   ).

⑨ 〈시〉 시세조작행위 ⇨ 마치 비싸게 거래가 된 것처럼 허위 사실을 유포하는 등의 중개대상물의 "시세"에 부당한 영향을 주거나, 우려가 있는 행위는 처벌된다.

⑩ 〈카〉 불법카르텔 결성 ⇨ 불법으로 "단체(카르텔)"를 구성하여 특정 중개대상물에 대하여 중개를 제한하거나, 단체 구성원 이외의 자와 공동중개를 제한하는 행위는 처벌된다.

위반시 제재	㉠ "**행정형벌**"로서는, ①, ②, ③, ④ 〈**거.금.매.친**〉은 ( )년 이하의 징역 또는 ( )천만원 이하의 벌금에 처해지고, ⑤, ⑥, ⑦, ⑧, ⑨, ⑩ 〈**증.직.쌍.투.시.카**〉는 ( )년 이하의 징역 또는 ( )천만원 이하의 벌금에 처해진다. ㉡ "**행정처분**"으로서, 개업공인중개사는 "상대적 등록취소사유(또는 업무정지사유)", 소속공인중개사는 "자격정지사유"에 해당한다(★ 중개보조원은 행정처분의 대상이 되지 아니한다).
금지행위 (법 제33조 제2항)	▸ 법 제33조 제2항의 "**누구든지**" 금지행위 : 의뢰인들 등도 안내문이나 온라인커뮤니티 등을 통하여 다음의 행위로 개업공인중개사 등의 정당한 중개업무를 방해하는 행위는 처벌된다. ① 〈**특**〉 "특정" 개업공인중개사 등에 대한 중개의뢰를 제한하거나 제한을 유도하는 행위 ② 〈**특**〉 "특정" 개업공인중개사에게만 의뢰하기로 담합하거나, 다른 개업공인중개사 등을 부당하게 차별하는 행위 ③ 〈**특**〉 "특정" 가격 이하로 중개를 의뢰하지 아니하도록 유도하는 행위 ④ 〈**광**〉 정당한 사유 없이 중개대상물에 대한 정당한 표시 · "광고" 행위를 방해하는 행위 ⑤ 〈**광**〉 시세보다 현저하게 높게 표시 · 광고하도록 강요하거나 대가를 약속하고 시세보다 현저하게 높게 표시 · "광고"하도록 유도하는 행위
위반시 제재	( )년 이하의 징역 또는 ( )천만원 이하의 벌금에 처해진다.

| 정　답 | 〈금지행위 제33조 제1항〉 ① 된다. ② ㉠ 초과분, 처벌된다 ㉡ 되지 아니한다 ③ 매매업 ④ 알면서 ⑤ 되지 않는다 ⑥ ㉠ 된다 ㉡ 된다 ㉢ 되지 않는다 ㉣ 단속 ⑦ 쌍방 ⑧ 된다 // 〈위반시〉 1년 − 1천 / 3년 − 3천 // 〈금지행위 제33조 제2항〉 3년 − 3천 |

	손해배상책임과 업무보증설정의무
손해배상 책임 (제30조)	① 개업공인중개사가 "중개행위"를 함에 있어서 고의나 과실로 인하여 거래당사자에게 재산상의 손해를 발생케 한 경우, 배상 책임이 (　　　). ② 타인에게 "중개행위"의 장소로 중개사무소를 제공함으로써, 거래당사자에게 재산상의 손해를 발생케 한 경우, 배상 책임이 (　　　). ★ ③ "중개행위"의 여부는 (　　　)으로 판단하며, 행위자의 주관적 사정에 따라 결정하는 것이 아니다. 중개행위의 범위는 중개대상물에 대한 알선(중개)뿐만 아니라, "업무관련성"이 있는 업무도 중개행위로 "본다"(판례). (☎ 판례 : 경매 "알선"이나 공매 "알선" 행위도 중개행위에 해당한다) ④ 이러한 "중개사고"로 인한 배상책임을 보장하기 위하여 개업공인중개사는 '업무보증'을 설정하여야 한다. 위반시 중개업 등록이 취소될 수 있다(상대적 등록취소사유).
업무보증 설정 및 유지의무	① 업무보증의 설정시기 : 개업공인중개사의 업무보증은 "(　　　)전"까지 반드시 설정하여야 한다. ★ ② 최소보증금액(최소보장금액) ★ 　㉠ 개인업자(공인중개사인 개업공인중개사와 부칙상 개업공인중개사) : (　　　)원 이상을 설정하여야 한다. 　㉡ 법인인 개업공인중개사 : (　　　)원 이상을 설정하여야 한다[분사무소는 분사무소 마다 (　　　)원 이상 "추가" 설정하여야 한다]. 　㉢ 지역농업협동조합 등 특수법인 : (　　　)원 이상을 설정하여야 한다. ③ 보증설정의 방법 　㉠ 보증보험이나 법 제42조에 따른 협회의 (　　　)에 가입하거나, 공탁(법원)을 하여야 한다. 　㉡ "공탁금"은 개업공인중개사가 폐업하거나 사망한 경우, "(　)년 이내"에는 이를 회수할 수 없다. ★ ④ 보증의 "유지" 의무 　㉠ 보증의 "재설정" : 보증기간 (　　　)까지 다시 재설정하고, 신고하여야 한다. ★ 　㉡ 보증의 "변경" : 기존의 업무보증이 (　　　) 다른 보증을 먼저 설정하여 변경하고 신고하여야 한다. ★ 　㉢ 업무보증으로 "손해배상"을 한 경우 : 개업공인중개사는 "(　　)일" 이내에 보증보험이나 공제는 다시 가입을 하여야 하고, 공탁의 경우에는 최소보증금액에 부족한 금액을 보전하여야 한다. ★ ⑤ 제재 : 개업공인중개사가 업무보증 '없이' 중개업무를 개시한 경우에는 (　　　　　)에 해당된다. ⑥ 보증에 대한 "설명"의무 : 개업공인중개사는 "중개완성"시에는 보증증서사본이나 전자문서를 거래당사자 "쌍방"에게 제공하여야 하며, 업무보증에 대한 설명(보장기간, 보장금액, 보증기관 및 그 소재지)을 의뢰인 "쌍방"에게 하여야 한다[☎ 위반시에는 "(　　　)" 이하 과태료].

정　답　〈손해배상책임〉 ① 있다 ② 있다 ③ 객관적 // 〈업무보증〉 ① 업무개시 ② ㉠ 2억 ㉡ 4억, 2억 ㉢ 2천만 ③ 공제, 3년 ④ ㉠ 만료일까지 ㉡ 유효한 기간 중에 ㉢ 15일 ⑤ 상대적 등록취소사유 ⑥ 100만원

<table>
<tr><td colspan="4" align="center">제6장 중개보수</td></tr>
<tr>
<td rowspan="3">중개보수
청구권</td>
<td colspan="3">① 보수지급시기: 약정이 "있으면", 약정시기에 지급하여야 하며, 보수지급시기 약정이 "없으면" (　　　　　　　　)에 지급하여야 한다. ★</td>
</tr>
<tr><td colspan="3">② 중개보수청구권의 소멸: (　　　　　　)의 고의 또는 과실로 인하여 거래계약이 차후에 무효, 취소, 해제가 된 경우에는 보수청구권이 "소멸"된다. ★</td></tr>
<tr><td colspan="3">★ 〈주의〉 "거래당사자"의 고의·과실로 거래계약이 무효·취소·해제된 경우에는 보수청구권이 소멸되지 아니한다.</td></tr>
<tr>
<td rowspan="6">계산방식</td>
<td colspan="3">* 중개보수 = 거래대금 × (요율)%</td>
</tr>
<tr>
<td>거래 유형</td>
<td colspan="2" align="center">중개보수 계산 방법</td>
</tr>
<tr>
<td align="center">매 매</td>
<td colspan="2" align="center">거래가액 × 요율 = 중개보수</td>
</tr>
<tr>
<td align="center">교 환</td>
<td colspan="2" align="center">거래금액이 '큰' 부동산의 가액 × 요율 = 중개보수</td>
</tr>
<tr>
<td align="center">임대차</td>
<td colspan="2">① {보증금 + (월세액×100)} × 요율 = 중개보수
② {보증금 + (월세액×100)}을 한 그 산출액이 만약 '(　　　　) 미만'(이하 ×)인 경우 ⇨ {보증금 + (월세액×70)} × 요율 = 중개보수
★ 〈오.미.차〉</td>
</tr>
<tr>
<td align="center">〈요율〉
주택
(부속토지
포함)</td>
<td>국토부령 범위 내에서 (특·광) "시·도 조례"로 정한다.</td>
<td>① 현재, 매매·교환은 금액 구간별 "시·도 조례"로 정함 (한도액 범위 내) [15억 이상의 경우, 거래금액의 (　　)% 이내]
② 현재, 임대차 등은 금액 구간별 "시·도 조례"로 정함 (한도액 범위 내) [15억 이상의 경우, 거래금액의 (　　)% 이내]</td>
</tr>
<tr>
<td></td>
<td align="center">주택
이외의
물건</td>
<td>"국토부령"으로 정한다.</td>
<td>① (상가, 토지 등) 매매·교환·임대차 등 거래유형의 구별 없이 거래금액의 (　　) 이내에서 협의
② (주거용 오피스텔) 로서, 주거 전용면적이 85m^2 이하 : 매매·교환은 (　　) 범위 내에서 협의, 임대차 등은 (　　) 범위 내에서 협의</td>
</tr>
<tr>
<td rowspan="3">적용기준</td>
<td colspan="3">① 동일한 중개대상물에 대하여 동일당사자 간에 매매를 포함한 둘 이상의 거래가 동일 기회에 이루어진 경우에는 (　　　　　　)만을 거래대금으로 산정하여야 한다. ★</td>
</tr>
<tr><td colspan="3">② 복합용도의 건물의 경우에는 주택의 면적이 전체면적의 "(　　) 이상"으로 사용되는 경우에는 전체를 "주택"으로 취급하여 중개보수를 계산하여야 한다. ★</td></tr>
<tr><td colspan="3">③ 주택의 경우, 중개사무소 소재지와 주택의 소재지가 다른 경우에는 (　　　　)의 소재지 "조례"가 기준이 된다. ★</td></tr>
</table>

정　답	〈중개보수〉 ① 거래대금 지급이 완료된 날 ② 개업공인중개사 // 〈계산방식〉 ② 5천만원 / ① 0.7% ② 0.6% / ① 0.9% ② 0.5%, 0.4% // 〈적용기준〉 ① 매매계약 ② 1/2 ③ 중개사무소

제7장 개업공인중개사의 상호협력

거래정보사업자

거래정보 사업자 지정요건	• 부동산거래정보망은 "**개업공인중개사**"들의 **부동산정보교환체계**를 말한다. 즉, 개업공인중개사들만이 회원가입을 하고, 이용할 수 있는 인터넷정보망을 말한다. • 부동산거래정보망을 운영하는 사업자를 "거래정보사업자"라고 한다. 거래정보사업자가 되기 위해서는 "**국토교통부장관**"의 **사업자 지정**을 받아야 한다. 〈☎ 지정요건〉★ 부동산거래정보사업자로 ( )의 지정을 받기 위해서는 다음의 요건을 모두 갖추어야 한다. ㉠ 「전기통신사업법」상의 "**부가통신사업자**"이어야 한다. ㉡ "국토교통부장관"이 정하는 용량과 성능의 "**컴퓨터**" 설비를 구축하여야 한다. ㉢ 공인중개사 ( )인 이상을 (직원으로) 확보하여야 한다. ㉣ 정보처리기사 ( )인 이상을 (직원으로) 확보하여야 한다. ㉤ 회원인 "개업공인중개사"의 수가 전국 ( )명 이상, [2개 이상 (특·광) 시·도에서 각 30명 이상]을 확보하여야 한다.
지정절차	① 일정한 요건을 구비하여 사업자 지정을 신청 ⇨ ( )일 이내 "지정"(국토교통부장관이 지정대장에 기재하고, 지정서를 교부) ⇨ 지정일로부터 ( )개월 이내 "운영규정"을 제정하여 국토교통부장관의 승인을 받아야 한다. ② 거래정보사업자는 사업자 지정일로부터 ( )년 이내에 거래정보망을 "설치·운영"해야 하고, 위반시에는 국토교통부장관은 거래정보사업자 지정을 취소 ( ).
지정 취소사유	① "**국토교통부장관**"은 다음의 경우에는 거래정보사업자 지정을 취소 "**할 수**" 있다. 〈☎ 지정취소사유 : 일.부.운.정.해〉★ ㉠ 〈일〉 정당한 사유 없이 지정일로부터 "1년" 이내 설치·운영을 하지 아니한 경우 ㉡ 〈부〉 "**부정**"한 방법으로 거래정보사업자 지정을 받은 경우 ㉢ 〈운〉 "**운영규정**"에 위반하여 운영하거나, 승인을 받지 않거나, 승인받은 규정대로 운영을 하지 아니한 경우(＋500만원 이하 과태료 사유이기도 하다) ㉣ 〈정〉 회원으로부터 의뢰받은 "**정보**"와 달리 허위정보를 공개한 경우(＋1년 이하 징역 또는 1천만원 이하 벌금형의 사유이기도 하다) ㉤ 〈해〉 사업자의 사망·"**해산**", 기타 운영이 불가능한 경우(이 경우는 청문 생략 가능) ② 지정취소처분을 위해서는 "청문"의 절차를 거치는 것이 원칙이다(다만, 사망·해산·운영 불능의 사유로 지정을 취소하는 경우에는 청문을 생략할 수 있다).

정　답　〈지정요건〉 국토교통부장관, 1인, 1인, 500명 // 〈지정절차〉 ① 30일, 3개월 ② 1년, 할 수 있다

공인중개사협회	
공인중개사 협회	• **공인중개사협회**는 "개업공인중개사"들의 단체를 말한다. • 공인중개사인 개업공인중개사(부칙상의 개업공인중개사를 포함)는 품위유지, 자질향상, 중개업 제도의 개선 및 운용에 관한 업무를 효율적으로 수행하기 위하여, 공인중개사 협회를 설립 "할 수" 있다(법 제41조). 〈☎ 품.질.개선을 목적〉 (★ 영리목적 ×) (설립해야 한다 ×) ① 공인중개사협회는 "개업공인중개사"들의 단체로서, "비영리"(　　　)이다. ② 임의설립주의 · 임의가입주의 · 복수설립 가능, 설립의 (　　) 주의를 취한다.
협회의 설립절차 〈발.창.인.기〉	① 회원 (　　)명 이상의 "**발기인**"(개업공인중개사)이 모여서, 정관을 작성(서명 · 날인). 　⇨ "**창립총회**" (　　)명 이상의 개업공인중개사가 참석, (서울 100명 이상, 광역시 · 도 · 자치도에서 각각 20명 이상 참석) 출석회원의 "과반수"의 동의를 받아야 한다. 　⇨ 국토교통부장관의 "**설립**"(　　)를 받아야 한다. 　⇨ 주된 사무소 소재지에서 "(　　　)"함으로써 협회가 성립한다. ② 공인중개사협회는 "비영리 사단법인"에 해당되며, 설립의 "등기"를 함으로써, 협회가 성립한다. ★
(조직)구성 〈주.부.회〉	① "**주된 사무소**" : 협회의 주된 사무소는 반드시 두어야 한다(법정사항). 소재지는 제한이 없다. ② "**지부**" : (특 · 광) 시 · 도에 (　　)를 둘 '수' 있다(임의조직). 지부를 설치한 때는 "시 · 도지사"에게 설치신고를 하여야 한다(사후신고). ★ ③ "**지회**" : 시 · 군 · 구에 (　　)를 둘 '수' 있다(임의조직). 지회를 설치한 때는 "등록관청(시 · 군 · 구청장)"에게 설치신고를 하여야 한다(사후신고). ★
업 무	① **고유업무** : 〈☎ 품.질.개선.윤리.정.공〉 회원의 품위유지, 자질향상, 중개제도의 연구 · 개선 업무, 윤리헌장의 제정, 부동산 정보 제공에 관한 업무, 공제사업, 기타 협회설립목적을 달성하기 위한 업무 등은 협회의 "고유업무"에 해당한다. ★ ② **수탁업무** : 〈☎ 수탁 실시〉 (시 · 도지사) 실무교육 등 교육사업, (시 · 도지사 원칙) 시험시행 등은 협회에서 위탁을 받아서 수행한다는 협회의 "수탁업무"에 해당된다.
지도 · 감독	① '협회'에 대한 지도 · 감독은 (　　　)만이 할 수 있다. ② 협회의 '지부' 및 '지회'에 대한 지도 · 감독도 (　　　)만이 할 수 있다. ★ ③ 협회의 총회(사원총회)의 의결내용은 (　　) '국토교통부장관'에게 보고하여야 한다. ★

정　답　〈협회〉 ① 사단법인 ② 인가 // 〈설립절차〉 ① 300명, 600명, 인가, 설립등기 // 〈조직구성〉 ② 지부 ③ 지회 // 〈지도 · 감독〉 ① 국토교통부장관 ② 국토교통부장관 ③ 지체 없이

고유업무로서의 공제사업	
공제사업	① 협회는 회원 간의 "(　　　　)"를 목적으로 개업공인중개사의 이 법상의 손해배상책임을 위한 공제사업을 할 수 있다(★ 영리목적 ×). ② 협회가 공제사업을 하고자 할 때에는 "공제규정"을 정하여 "(　　　　)"의 승인을 받아야 한다. 공제규정의 변경시에도 또한 같다.
공제규정	① **공제료(공제가입비)** : 사고 발생률과 보증보험료 등을 종합적으로 고려하여 결정한 금액으로 한다. ② **회계기준** : (　　　) 기금과 (　　) 기금으로 구분하여, 세부기준을 정한다. ③ "**책임준비금**"의 적립비율 : (공제료수입액)의 100분의 (　　) 이상으로 "적립"할 것 ★
관 리	① 공제는 "별도" 회계로 관리하여야 한다. ★ ② "책임준비금"을 다른 용도로 사용할 경우 (　　　　)의 승인을 받아야 한다.
재무건전성 유지	① "**지급여력비율**"은 "100분의 (　) 이상"을 "유지"하여야 한다. "지급여력비율"은 지급여력금액을 지급여력기준금액으로 나눈 비율로 한다. ★ ② 구상채권 등 보유자산의 건전성을 정기적으로 분류하고, "대손충당금"을 적립하여야 한다.
공 시	* 공제사업 운용실적을 매 회계연도 종료 후 (　)개월 이내에 일간신문 또는 협회보에 공시하고, 협회 인터넷 홈페이지에 게시하여야 한다. ★
시정명령	① "(국토교통부장관)"은 공제사업에 대한 "개선명령"을 할 수 있다[☎ 개선명령의 내용 : 업무집행방법의 변경, 자산예탁기관의 변경, 장부가격의 변경, 적립금 보유, 무가치 자산에 대한 손실처리, 기타 "개선명령"(★ 처분명령 ×, 양도명령 ×, 정지명령 ×)]. ② "(　　　　　)"은 협회의 임원이 공제사업을 건전하게 운영하지 못할 우려가 있는 경우, 그 임원에 대한 징계·해임을 요구하거나, 해당 위반행위를 시정하도록 명할 수 있다. ③ 협회가 국토교통부장관의 임원에 대한 징계·해임의 요구를 이행하지 아니하거나, 시정명령을 이행하지 아니한 경우에는 "(　　)만원" 이하의 과태료사유에 해당한다. ④ (　　　　)은 국토교통부장관의 "요청"시 공제사업을 조사 또는 검사를 할 수 있다.

정　답　〈공제사업〉 ① 상호부조 ② 국토교통부장관 // 〈공제규정〉 ② 손해배상, 복지 ③ 10 〈관리〉 국토교통부장관 // 〈재무건전성유지〉 ① 100 // 〈공시〉 3개월 // 〈시정명령〉 ② 국토교통부장관 ③ 500만원 ④ 금융감독원장

(협회)공제운영위원회	
필수기관	협회는 공제사업에 관한 사항을 심의하고 그 업무집행을 감독하기 위하여 (협회)에 운영위원회를 (둔다).
구성 및 운영	① 협회 공제운영위원회의 위원은 위원장 1명, 부위원장 1명을 포함하여 (　　)명 이내로 한다. ★ ② 협회 공제운영위원회는 성별을 고려하여 구성한다. ③ 협회 공제운영위원회에서, 협회의 내부인사(협회의 회장, 협회 이사회가 협회의 임원 중에서 선임하는 사람)에 해당하는 위원의 수는 전체 위원 수의 (　　　) 미만으로 한다. ④ 운영위원회에는 위원장과 부위원장 각각 1명을 두되, 위원장 및 부위원장은 위원 중에서 각각 "호선(互選)"한다. 위원장 업무 불가시에는 "(　　　　)"이 직무를 대행한다. ★ ⑤ 공무원은 재직기간, 일반 위원의 임기는 (　　)년 (★ 보궐시에는 전임자의 잔임기간). 연임은 (　　)에 한하여 가능하다. ★
의 결	운영위원회의 회의는 재적위원 (과반수)의 출석으로 개의(開議)하고, (　　　　) "과반수"의 찬성으로 심의사항을 의결한다.

정　　답	〈구성〉① 19명 ③ 3분의 1 ④ 부위원장 ⑤ 2년, 1회 // 〈의결〉 출석위원

제8장 보 칙

행정수수료 (지방자치 조례)	・다음의 경우에는 "지방자치단체조례"에 따른 행정수수료를 납부하여야 한다. ① 시험 응시하고자 신청하는 자[시・도 조례(원칙)] 　★ (예외 : ㉠ 국토교통부장관이 시험시행시 "국토교통부장관"이 결정, ㉡ 시험 위탁 시행 　　시에는 "위탁 받은 자"가 위탁한 자의 승인을 얻어서 결정) ② 자격증 (　　　　　) 신청하는 자(시・도 조례) ③ 중개사무소 개설등록을 신청하는 자(시・군・자치구 조례) ④ 중개업 등록증 (　　　　　) 신청을 하는 자(시・군・자치구 조례) ⑤ 분사무소 설치 신고를 하는 자[(주된 사무소 소재지) 시・군・자치구 조례] ⑥ 분사무소 신고확인서 (　　　　) 신청을 하는 자[(주된 사무소 소재지) 시・군・자치구 조례]
포상금 신고대상	＊ 다음의 행위를 한 자를 등록관청이나 수사기관 또는 부동산거래신고센터에 신고・고발을 한 자 에게는 "등록관청(시・군・구청장)"이 포상금을 지급할 수 있다. ★ ① 〈부〉"부정"한 방법으로 (　　　)을 한 자(이중등록 ×)(이중소속 ×)(이중사무소 ×)(이중 　계약서 ×) ② 〈양〉등록증을 "양도"・대여하거나 양수・대여를 받은 자(알선 ×) ③ 〈무〉"무등록"으로 중개업을 한 자(무등록중개업자) ④ 〈양〉자격증을 "양도"・대여하거나 양수・대여를 받은 자(알선 ×) (부정취득 ×) ⑤ 〈아・광〉개업공인중개사가 "아닌" 자로서 중개대상물에 대한 표시・"광고"를 한 자 (사칭 ×) 　(유명사칭 ×) ⑥ 〈특.특.특.광.광.시.카〉법 제33조 "금지행위" 중에서 다음의 행위를 한 자 　㉠ 〈특〉누구든지 "특정"한 개업공인중개사를 배제하는 담합 　㉡ 〈특〉누구든지 "특정"한 개업공인중개사에게만 의뢰하는 담합 　㉢ 〈특〉누구든지 "특정"한 가격 이하로는 중개의뢰를 제한하는 담합 　㉣ 〈광〉누구든지 개업공인중개사의 정당한 "광고"를 방해하는 행위 　㉤ 〈광〉누구든지 개업공인중개사에게 허위 "광고"를 유도하는 행위 　㉥ 〈시〉개업공인중개사 등의 시세조작 　㉦ 〈카〉개업공인중개사 등의 카르텔 담합행위(거짓행위 ×)(초과보수 ×)(투기조장 ×)
포상금 지급요건	① 등록관청이나, 수사기관 또는 부동산거래질서교란행위 신고센터에 신고・고발한 자에게 　(　　　)이 지급한다. ② "검사"가 "(　　　　)"하거나 "(　　　　)"처분을 한 경우에 한하여 지급한다. ③ "등록관청"은 포상금 지급 결정이 확정되면 (　　　) 이내에 지급한다. ④ 포상금 금액은 1건당 (　　　)으로 하며, "국고"에서 포상금의 (　　　)% 범위 내에서 　국고보조가 가능하다(시・도지사가 보조 ×). ⑤ 하나의 사건에 대하여 "2인" 이상이 공동신고를 한 경우에는 배분방법의 합의가 없으면, 　"균등하게" 배분하여 지급하며, 하나의 사건에 대하여 "2건" 이상이 신고된 경우에는 　(　　　)에게 지급한다.

〈주의〉	① 판사의 무죄선고, 유죄선고, 선고유예, 집행유예는 모두 검사의 "공소제기"에 포함된다. ② 검사의 무혐의처분이나 불기소처분은 포상금 지급 대상이 아니다.
거래질서 교란행위 및 신고센터	① 「공인중개사법」과 「부동산거래신고법」상의 다음의 "거래질서교란행위"는 모두 금지된다. ▶ 〈거래질서교란행위〉 (☎ 양도·대여, 이중등록, 이중소속, 이중계약서, 이중사무소, 금지행위, 부동산거래신고위반 등) 　1. 제7조부터 제9조까지[주; 제7조(자격증 양도·대여, 양수·대수, 알선), 제8조(공인중개사 아닌 자의 사칭), 제9조(중개업 등록)], 제18조의4(주; 중개보조원의 고지의무) 또는 제33조 제2항(주; 누구든지 금지행위)을 위반하는 행위 　2. 제48조 제2호(주; 거짓, 부정 등록)에 해당하는 행위 　3. 개업공인중개사가 제12조 제1항(주; 이중등록금지), 제13조 제1항(주; 이중사무소 설치금지)·제2항(주; 임시시설물설치금지), 제14조 제1항[주; 법인인 개업공인중개사의 겸업제한(중.관.상.기.분.경)], 제15조 제3항(주; 중개보조원의 고용숫자제한), 제17조(등록증 등의 게시의무), 제18조(주; 개업공인중개사의 명칭, 광고 성명표기, 간판철거명령), 제19조(주; 등록증 양도·대여·양수·대수·알선), 제25조 제1항(주; 중개대상물 확인·설명의무), 제25조의3(주; 주택의 일부임대차 중개시의 설명의무) 또는 제26조 제3항(주; 이중계약서·거짓계약서 작성금지)을 위반하는 행위 　4. 개업공인중개사 등이 제12조 제2항(주; 이중소속금지), 제29조 제2항(주; 업무상 비밀준수의무) 또는 제33조 제1항(주; 개업공인중개사 등의 금지행위)을 위반하는 행위 　5. 「부동산 거래신고 등에 관한 법률」 제3조(주; 부동산거래신고의무), 제3조의2(주; 부동산거래해제신고의무) 또는 제4조(주; 신고법상의 금지행위)를 위반하는 행위) (☎ 해당되지 않는 것 : 품위유지, 신의성실 공정중개, 업무보증설정, 일반중개계약상의 의무, 전속중개계약상의 의무 등) ② (　　　　　　　　)은 거래질서교란행위 신고센터를 설치·운영할 수 있다. ③ 거래질서교란행위 "신고센터"는 다음의 업무를 수행한다. 　㉠ 부동산거래질서교란행위 신고의 접수 및 상담 　㉡ 신고사항에 대한 확인 또는 시·도지사 및 등록관청 등에 신고사항에 대한 조사 및 조치 요구 　㉢ 신고인에 대한 신고사항 처리결과 통보

제9장 각종 규제(벌칙)

행정처분의 내용

공인중개사 대상	

① "공인중개사"를 대상으로 "자격취소"의 처분권자

　㉠ 자격증을 "교부"한 시·도지사에게 자격취소 "처분"과 자격정지 "처분"권한이 있다.

　㉡ 자격증을 교부한 시·도지사와 공인중개사 사무소의 소재지를 관할하는 시·도지사가 서로 "다른" 경우 : ☎ 중개사무소의 소재지를 관할하는 시·도지사가 자격취소처분(청문절차) 또는 자격정지 처분에 필요한 "절차"(의견진술 등 확인절차)를 모두 이행한 후, 자격증을 교부한 시·도지사에게 통보 ⇨ 자격증 "교부"한 시·도지사가 자격취소 "처분" 또는 자격정지 "처분"을 한다. ★

　㉢ 자격을 취소한 시·도지사는 이를 "5일 이내"에 국토교통부장관과 다른 시·도지사에게 통보하여야 한다. 〈☎ 자취는 5일이 보통〉

② "자격취소" : 시·도지사는 자격취소 처분을 (하여야 한다). (기속행위) 〈☎ 부.양.자.징역/금고〉

　㉠ 부정취득 ㉡ 자격증 양도 또는 대여(＋1년/1천) ㉢ (소속공인중개사가) 자격정지 기간 중 중개업무(또는 이중소속) ㉣ 이 법(「공인중개사법」) 위반하여 금고 이상의 (징역, 금고)의 선고(집행유예 포함)를 받은 경우 ㉤ 중개업무와 관련하여, 「형법」 위반으로 〈뱀.사.사.횡.배〉 (범죄단체구성, 사문서 위조·변조·행사, 사기, 횡령, 배임, 업무상 횡령, 업무상 배임)으로 금고 이상의 형의 선고를 받은 경우(집행유예 포함) ★

③ "자격정지" : (소속공인중개사를 대상) 시·도지사는 "6개월"의 범위 내에서 자격정지 (할 수 있다). (재량행위) 〈☎ 금.니.2.서.서.확.인〉

　㉠ 법 제33조 제1항 "금지행위"를 위반 ㉡ "이중소속"(＋1년/1천) ㉢ "이중계약서" (거짓계약서)를 작성 ㉣ 거래계약서에 "서명" 및 날인하지 아니한 경우 ㉤ 확인·설명서에 "서명" 및 날인을 하지 아니한 경우 ㉥ "확인"·설명의무를 위반, 근거자료를 제시하지 아니한 경우 ㉦ "인장" 등록을 하지 아니하거나, 미등록 인장을 사용

자격정지 부과기준		
6개월	금지행위, 이중소속, 이중계약서	금. 니. 2
3개월	거래계약서 서명 날인 ×·확인·설명서 서명 날인 ×, 확인·설명의무 위반, 인장 위반	서. 서. 확. 인

　• 부과 기준의 "2분의 1" 범위 내에서 가중(중대한 과실 등)하거나 경감(경미한 과실 등) 할 수 있다. 가중 처분하는 경우에도 절대로 6개월을 초과할 수 없다. ★

④ "등록관청"은 소속공인중개사의 자격정지 사유를 알게 된 때에는 지체 없이 그 사실을 (특·광) 시·도지사에게 통보하여야 한다.

개업 공인중개사 대상	① **절대적 등록취소 – 등록관청은 개업공인중개사의 등록을 취소 "하여야" 한다(기속행위).** 〈☎ 사유 : 결. 이. 허. 사. 이. 양. 업. 1 – 2, 보초〉. ㉠ 등록의 결격 ㉡ 이중등록(＋1년/1천) ㉢ 허위·부정 등록(＋3년/3천) ㉣ 개인의 사망 또는 법인의 해산 ㉤ 이중소속(＋1년/1천) ㉥ 등록증 양도 또는 대여(＋1년/1천) ㉦ 업무정지 기간 중에 중개업무 및 자격정지 중인 소속공인중개사에게 중개업무를 하게 함. ㉧ 최근 1년 이내에 2회 이상의 업무정지 ＋ 다시 업무정지 사유발생 ㉨ 중개보조원을 법정 채용 숫자 한도를 초과하여 고용한 경우(＋1년/1천) ② **상대적 등록취소 – 등록관청은 개업공인중개사의 등록을 취소 "할 수" 있다(재량행위).** 〈☎ 사유 : 전. 육. 손. 미. 금. 다방 – 따운 – 겸업. 1 – 3. 똑똑〉 ㉠ 전속중개계약시 정보공개의무 위반 ㉡ 6개월을 초과하는 무단 휴업을 한 경우 ㉢ (손해배상책임을 위한) 업무보증 없이 업무개시 ㉣ 등록기준 미달 ㉤ (법 제33조 제1항) "금지행위" ㉥ 이중사무소, 임시시설물 설치(떳다방) ㉦ 거짓계약서 및 이중계약서(따운계약서 등) ㉧ 중개법인의 겸업(법 제14조) 위반 ㉨ 최근 1년 이내에 3회 이상(업무정지 또는 과태료) ＋ 다시 (업무정지 또는 과태료)사유가 발생 (절대적 등록취소사유는 제외) ㉩ 「독점규제법」 위반으로 공정거래위원회로부터 최근 2년 이내에 2회 이상 과징금이나 시정조치를 받은 경우 ③ **업무정지(6개월의 범위 내) – 등록관청은 "6개월" 범위 내에서 업무정지 처분을 "할 수" 있다(재량행위).** 〈☎ 사유 : 고.전.설.계.과.거.범.인.임.명.독〉 ㉠ 고용위반 – 고용인의 결격사유(2개월 이내 해소 ×), 고용 및 종료신고 위반 ㉡ "전속중개계약서" 미사용 및 미보존 ㉢ "확인·설명서" 작성 × 교부 × 보존 × 서명 및 날인 × ㉣ "거래계약서" 작성 × 교부 × 보존 × 서명 및 날인 × ㉤ 최근 1년 이내에 2회 이상 업무정지 또는 과태료 ＋ 다시 과태료 사유가 발생한 경우 ㉥ 개업공인중개사가 거래정보망에 거짓 공개 또는 거래사실을 미 통보 ㉦ 부칙상의 개업공인중개사가 업무 지역적 범위(특·광·도)를 위반 ㉧ "인장" 미등록 및 미등록 인장 사용 ㉨ "임의적(상대적)" 등록취소 사유 ㉩ 지도 감독상의 명령위반, 이 법 또는 이 법에 의한 명령 위반한 경우 ㉪ 「독점규제법」 위반으로 공정거래위원회로부터 과징금이나 시정조치를 받은 경우

업무정지 부과기준		
6개월	(결격사유에 해당하는 자를 고용) "고용"위반, 개업공인중개사가 "거래정보망"에 거짓 정보를 공개, "임의적(상대적)" 등록취소사유, 최근 1년 내 2회 이상 (업무정지 또는 과태료)를 받고, 다시 "(과태료)"사유가 발생한 경우	고.거.임.과
3개월	**전속중개계약서, 확인·설명서, 거래계약서 작성·교부·보존· 서명 및 날인을 하지 아니한 경우 등**	종이 쪼가리
1개월	이 법상 명령위반(거래대금 예치시 예치금 분리관리 의무 등)	

• 부과기준의 2분의 1 범위 내에서 가중(중대한 과실 등)하거나 경감(경미한 과실 등)할 수 있다. 가중 처분 하는 경우에도 절대로 6개월을 초과할 수 없다.

	④ "업무정지" 처분의 시효제도 : 업무정지는 해당 사유가 발생한 날부터 "(3년)"이 경과한 때에는 등록관청은 이를 할 수 없다(이것은 오로지 "업무정지"에만 있는 제도이다). 〈사발삼〉★ ⑤ **개업공인중개사의 지위 승계** ★ 　㉠ 원칙 : 폐업신고 후 재등록을 한 때에는 폐업신고 전의 개업공인중개사의 지위를 승계한다(법인의 대표자 포함). 그러므로 폐업 전의 위반사유로 재등록관청에서 행정처분을 할 수 있다. 　㉡ 예외 　　ⓐ 폐업기간(= 반성기간)이 (3년)을 초과한 경우에는 폐업 "전"의 사유로 "등록취소 할 수 없다". ★ 　　ⓑ 폐업기간(= 반성기간)이 (1년)을 초과한 경우에는 폐업 "전"의 사유로 "업무정지 처분을 할 수 없다". ★ 　　〈☎ 정리 : 폐업기간이 3년을 초과한 경우에는 폐업전의 사유로 등록취소나 업무정지 등의 행정처분을 등록관청은 할 수 없다〉 　㉢ 폐업신고 전의 업무정지나 과태료처분의 효과는 그 (처분일)부터 (1년) 간 재등록업자 승계된다. ★
행정처분의 주요 사항	① 자격증 교부한 "시·도지사"와 중개사무소 관할 "시·도지사"가 서로 다른 경우에는 (　　　　) 시·도지사가 자격취소와 자격정지 **처분**을 한다. ★ ② "**자격취소**" 처분을 한 "시·도지사"는 이를 (　　)일 이내에 국토교통부장관과 다른 시·도지사에게 통보하여야 한다. 〈☎ 자취는 5일이 보통〉 ③ 자격이 취소되면 자격증을 (　　) 이내에 "반납"하여야 하고, 등록이 취소되면 등록증을 (　　) 이내에 "반납"하여야 한다. 위반시 모두 (　　) 이하의 과태료처분사유에 해당된다. 〈☎ 반납 7〉 ④ "**업무정지**" 처분은 "사유발생일"로부터 (　　)년이 경과되면, 업무정지처분을 할 수 없다. 업무정지의 시효제도 〈☎ 사발3. 업지〉 ⑤ "상대적(임의적) 등록취소사유"는 모두 "업무정지"처분사유에도 해당된다.
과태료 (행정질서벌)	① "협회"와 "거래정보사업자", "정보통신서비스제공자"에 대한 과태료는 (　　　　)이 부과한다 (500만원 이하). ★ ② 자격취소 된 "**공인중개사**"가 자격증을 반납하지 아니하거나(100만원 이하), "**연수교육대상자**"가 연수교육을 받지 아니한 자에 대한 과태료(500만원 이하)는 (　　　　)가 부과한다. ★ ③ 휴업·폐업신고 위반, 등록증 등의 게시의무 위반, 사무소 이전신고 등을 하지 아니한 "**개업공인중개사**"에 대한 과태료(100만원 이하)는 (　　　　)이 부과한다. 또한 중개대상물 확인·설명의무를 위반한 "**개업공인중개사**"에 대한 과태료(500만원 이하)도 "**등록관청**"이 부과한다. ★

행정형벌 (법원)	① "3년 이하" 징역 또는 "3천만원" 이하 벌금 〈☎ 증.직.쌍.투.시.카.특.특.특.광.광.부.무〉 ★ [사유 : 법 제33조 금지행위를 위반하여, 거래금지"증서" 매매업·중개, **중개의뢰인**과 **"직접거래"·"쌍방대리"**, "투기조장", "시세조작", "카르텔(불법단체)"담합, "특정"한 개업공인중개사에게만 의뢰하기로 담합, "특정"한 개업공인중개사를 배제하기로 담합, "특정" 가격 이하로 의뢰하는 것을 금지하기로 담합, 개업공인중개사의 정당한 "광고"를 방해·허위"광고"를 유도, "부정"한 방법으로 등록(부정등록)한 자, "무등록중개업자" 등] ★ ② "1년 이하" 징역 또는 "1천만원" 이하 벌금 〈☎ 이.양.이.비.정.유.거.금.매.친.보초〉 ★ (사유 : "이중등록", "이중소속", 등록증이나 자격증을 "양도"·대여·알선, "이중사무소", "비밀준수위반", 거래정보사업자의 허위"정보"공개, 공인중개사 **아닌 자**가 "유사명칭" 사용, 법 제33조 제1항의 금지행위로서, "거짓행위", **초과** "금품"수수(중개보수초과), 중개대상물 "매매업", 무등록중개업자와 악의의 협력"(친구)"행위, 중개"보조원"의 채용숫자를 **"초과"하여 고용한 경우 등**) ★
구별·정리	① 이중 등록? (　　　　　　) + (　　　　　　) ② 이중 소속? 　┌ ㉠ 개업공인중개사? (　　　　　　) + (　　　　　　) 　│ ㉡ 소속공인중개사? (　　　　　　) + (　　　　　　) 　└ ㉢ 중개보조원? (　　　　　　) ③ 이중 사무소(임시시설물)? (　　　　　　) + (　　　　　　) ④ 이중 계약서(거짓계약서)? (1년 － 1천 이하는 아님) ★ 　┌ ㉠ 개업공인중개사? (　　　　　　) 　└ ㉡ 소속공인중개사? (　　　　　　) ⑤ 자격증 양도·대여? (　　　　　　) + (　　　　　　) ⑥ 등록증 양도·대여? (　　　　　　) + (　　　　　　) ⑦ 무등록 중개업자? (　　　　　　) ⑧ 개업공인중개사의 **초과중개보수**? (　　　　　　) + (　　　　　　) ⑨ 개업공인중개사의 업무보증 설정 없이 무보증 중개? (　　　　　　) ⑩ "개업공인중개사"의 중개대상물에 대한 설명의무 위반? (　　　　　　) ⑪ "개업공인중개사"의 "확인·설명서" 작성·교부·보존의무 위반? (　　　　　　)

정 답　〈행정처분 주요사항〉① 자격증 "교부"한 ② 5일 ③ 7일, 7일, 100만원 ④ 3년 // 〈과태료〉① 국토교통부장관 ② 시·도지사 ③ 등록관청 // 〈구별 정리〉① 절대적 등록취소 + (1년 － 1천 이하) ② ㉠ 개공 : 절대적 등록취소 + (1년 － 1천 이하) ㉡ 소공 : 자격정지 + (1년 － 1천 이하) ㉢ 1년 － 1천 이하 ③ 상대적 등록취소 + (1년 － 1천 이하) ④ ㉠ 상대적 등록취소 ㉡ 자격정지 ⑤ 자격취소 + (1년 － 1천 이하) ⑥ 절대적 등록취소 + (1년 － 1천 이하) ⑦ 3년 － 3천 이하 ⑧ 상대적 등록취소 + (1년 － 1천 이하) ⑨ 상대적 등록취소 ⑩ 500만원 이하 과태료 ⑪ 업무정지

[제2편] 부동산 거래신고 등에 관한 법령

제1장 부동산거래신고제도	
부동산거래 신고대상	• "토지와 건물"에 대하여 "매매계약(신규공급계약 포함)"을 한 경우에는 "매매계약" 체결일로부터 "30일" 이내에 "실거래가"로 부동산 소재지 관할 "시·군·구청장(신고관청)"에게 신고를 하여야 한다. ① 다음 3가지의 경우에 부동산거래신고를 하여야 한다. 　㉠ "부동산"의 "매매계약"(현존하는 "토지 및 건물"의 "매매계약"), 　㉡ (「도시개발법」·「주택법」 등을 통한) 부동산의 "(신규) 공급계약"(＝ 첫 분양계약) 　㉢ 위의 부동산의 공급계약을 통하여 공급받은 "지위"에 대한 "매매계약"("분양권" 매매계약)과 (「도시 및 주거환경정비법」상의) (재건축·재개발) "입주권"의 매매계약 ② "매매계약(공급계약 포함)"을 신고한다(증여계약 ×, 교환계약 ×, 지상권설정계약 ×). ③ "매매계약일"로부터 (　　　)일 이내 (　　　　　　　)에 신고하여야 한다. ★ ④ 부동산거래신고를 하지 "아니한" 경우? (　　　　) 이하 과태료 ★ ⑤ 부동산거래신고를 가격 등을 "거짓신고"를 한 경우? (　　　　　　) 이하의 과태료에 처한다. ★
신고방법	① 방문신고 : 부동산거래 "신고서"(법정·강제서식 작성) 등을 제출 ＋ "신분증" 제시 　〈☎ 신고서 ＋ 신분증〉 ★ 대리신고·신고대행 (　　　) 　〈☎ 신…신…방문신고…대리 가능〉 ② 인터넷신고 : 전자문서 ＋ 전자인증 　★ 대리신고·신고대행 (　　　) 〈☎ 전자 － 대리 － 불가〉
거래유형별 신고절차	① 거래당사자 "직거래"시 　㉠ 원칙 : 거래당사자 (　　　) 신고 원칙 － 거래신고서에 서명 (　　) 날인을 "공동"으로 하여야 하며, "거래신고서" "제출"은 (　　　) 한다. ★ 　㉡ 예외 : 일방이 신고를 "거부" 하는 경우에는 일방이 "단독 신고" 가능하다(이 경우에는 거부 "사유서"와 "거래계약서" 사본을 첨부하여야 한다). 〈☎ 거부한, 사 ＋ 계〉 　㉢ 거래당사자 중의 일방이 "국가"나 지자체인 경우에는 (　　　　　)이 신고한다. ★ ② 개업공인중개사가 "중개"를 한 경우 　㉠ (　　　　　　)가 부동산거래신고를 하여야 한다. 　㉡ 개업공인중개사 "공동중개"의 경우에는 (　　　　) 신고하여야 한다. 　㉢ 이 경우, 거래당사자는 서명 또는 날인의 의무가 (　　　). ★

신고사항 및 신고서 기재사항 (공통 신고사항 : 인.계.부.부. 실제.업.조. 위탁 관리)	* 부동산거래신고시, 다음의 사항을 "부동산거래신고서"에 "기재"하여 제출하여야 한다. ★★ ① 〈인〉 "거래당사자"의 "인적사항"[☎ 신고서 : 거래당사자가 "다수"인 경우에는 '주소' 란에 (　　　)도 기재하여야 하며, 외국인의 경우에는 (　　　)과 (　　　)용도를 기재] ② 〈계〉 "계약체결일", 중도금 지급일, 잔금지급일 ③ 〈부〉 "부동산"의 "면적 및 종류"(☎ 신고서 : '면적'은 "집합건물"은 (　　　)을 기재, "기타 건물"은 (　　　)을 기재 ★ ④ 〈부〉 "부동산"의 "소재지, 지번, 지목"(☎ 신고서 : '소재'는 지번까지, 집합건물은 (　　　)까 지, 건축물대장으로 확인하여 기재) ★ ⑤ 〈실제〉 "실제거래가격"(☎ 신고서 : ㉠ '물건별 거래가격'은 2 이상의 부동산 거래인 경우, (　　　)의 부동산 가격을 기재하고, ㉡ '총 실제 거래가격'은 전체 "합산액"을 기재한다. ★ [☎ 신고서 : '공급계약'과 '전매계약'은 부가가치세를 (　　　)한 가격을 기재하고, 그 외 '현존' 부동산은 부가가치세를 (　　　)한 가격을 기재한다] ★ ⑥ 〈업〉 개"업"공인중개사의 "인적사항"과 "등록에 관한 사항"(개업공인중개사 중개시) ⑦ 〈조〉 "조건"이나 기한(있는 경우) ⑧ 〈위탁관리〉 "위탁관리인"의 "인적사항"(매수인이 외국인 등 국내에 주소나 거소가 없는 경우)
"주택"추가 신고사항 〈자금조달 계획〉	⑨ 개인의 "주택" 거래시 추가신고사항 : "자금조달계획(입주계획)서" 추가 신고 　㉠ "투기과열지구" 또는 "조정대상지역"의 ("모든") 주택에 대하여 추가하여 신고하여야 한다. ★ 　㉡ "비규제지역"으로서 (　　　) 이상의 "주택"인 경우에는 자금조달계획(입주계획)을 "추가"로 신고하여야 한다. ★ 　㉢ 오로지, 투기과열지구 내에서는 주택 자금조달계획서에 구체적인 증빙자료(통장잔고 증명서 등)까지를 첨부하여야 한다. ★
"법인주택" 거래시 추가 신고사항	⑩ "법인"의 "주택" 거래시 추가신고사항 : 〈등.친.목.자.리〉 ★ 법인의 "등기"현황, 거래상대방과의 "친족관계" 등의 특수관계 여부, (법인이 매수취득시) 취득 "목적", (매수취득시) "자금조달"과 "이용계획"
	〈주의〉 ㉠ 법인의 "등기현황"과 "친족관계"는 일방이 "국가" 등인 경우, 신규 "공급계약", "신규분양 권" 매매의 경우에는 제출하지 아니한다. ㉡ "법인"은 주택 매수시에 "항상" 자금조달(이용)계획서를 신고하여야 한다. ★ ㉢ 개인이든, 법인이든, 자금조달(입주계획)계획서를 제출해야 하는 "주택"에는 공관 및 기숙사 는 "제외"한다.
"토지" 추가 신고사항 〈자금조달 계획〉	⑪ "토지"의 매매 계약시 : "자금조달계획(이용계획)서" 추가 신고 　㉠ (수도권 등) "수도권, 광역시, 세종시" 내 토지가 "1억" 이상인 경우(지분거래는 금액 상관 없음)에는 자금조달과 이용계획을 추가로 신고하여야 한다. ★ 　㉡ "기타 지역"은 "6억" 이상의 토지(지분 포함)인 경우에 자금조달과 이용계획을 추가로 신고하여야 한다. ★
신고필증 교부 및 가격검증	① 부동산거래신고를 받은 "신고관청"은 "신고필증"을 (　　　) 교부한다. ② (　　　　　)은 "가격검증체계를 구축"·운영하여야 하고, (　　　)은 이를 이용하여 신고 받은 가격의 "적정성"을 검토하여야 한다. ③ '신고관청'은 가격의 적정성 검토 결과를 관할 "세무서장"과 "시·도지사"에게 통보하여야 하고, 시·도지사는 국토교통부장관에게 보고하여야 한다.

신고면제 여부	① 부동산거래 전자계약시스템을 통하여 거래를 한 경우, 부동산거래신고를 (　　　　). ★ ② 토지거래허가를 받거나, 농지취득자격증명을 발급 받은 경우, 부동산거래신고를 (　　　). ★ ③ 부동산거래신고를 한 경우, 「부동산등기 특별조치법」상의 검인은 받은 것으로 본다. ★

정　답	〈부동산거래신고대상〉 ③ 30일, 부동산 소재 신고관청 ④ 500만원 ⑤ 취득가액의 10% // 〈신고방법〉 ① 가능 ② 불가 // 〈유형별 신고절차〉 ① ㉠ 공동, 또는, 1인이 ㉢ 국가나 지자체 ② ㉠ 개업공인중개사 ㉡ 공동으로 ㉢ 없다 // 〈신고사항 및 신고서〉 ① 지분, 국적, 매수 ③ 전용면적, 연면적 ④ 동·호수까지 ⑤ 각각, 포함, 제외 ⑨ 6억 // 〈신고필증교부〉 ① 지체 없이 ② 국토교통부장관, 신고관청 // 〈신고면제〉 ① 한 것으로 본다 ② 별도로 하여야 한다

계약의 해제 등 신고	① "거래당사자"는 부동산 거래신고를 한 후, 거래계약이 "무효·취소·해제"가 되면, 그 확정일로부터 (　　　) 이내에 "해제 등"의 신고를 '하여야' 한다(위반시 500만원 이하 과태료). (☎ 공동신고 원칙, 일방 거부시 단독 신고 가능) ② "개업공인중개사"는 해제 등의 신고를 "할 수" 있다 (공동중개시 공동신고, 일방 거부시 단독 신고 가능). ③ 신고관청은 '지체 없이' "해제신고확인서"를 교부하여야 한다. ④ '부동산거래계약 (전자)시스템'을 통하여 거래계약을 해제한 경우에는 부동산거래계약 해제 등 신고서를 제출한 것으로 본다. ★
정정신청 (할 수 있다)	① "거래당사자 또는 개업공인중개사"는 신고필증이 '잘못 기재'된 경우 이를 수정하여 정정신청 '할 수' 있다. (공동신고 원칙★) (주소, 전화번호는 단독정정신청 가능) ★ ☎ 정정신청 가능한 사항 : 〈주.전.지/.소.상.전/.면.종류.대.지.지〉 거래당사자의 주소, 전화번호(또는 휴대전화번호), 거래 지분 비율/중개사무소 소재지, 상호, 전화번호 / 거래대상 부동산 등의 면적, 건축물 종류, 대지권비율, 지목, 거래 지분〉 ☎ (〈면.지.지〉 면적과 지분·지분비율은 정정사항이면서 변경사항에도 공통사유) ★ ② 신고관청은 '**지체 없이**' 정정된 내용으로 신고필증을 재발급(재교부)하여야 한다.
변경신고 (할 수 있다)	① "거래당사자 또는 개업공인중개사"는 부동산 거래계약 신고 내용 중 어느 하나에 해당하는 사항이 '변경'된 경우에는 부동산에 관한 '등기신청 (　　)'에 신고관청에 신고내용의 변경을 신고할 수 있다. (공동신고 원칙 ★) [공급계약과 전매계약(분양권·입주권)은 분양가격과 선택품목은 단독 변경 가능(계약서 사본 첨부)] ★ ☎ 변경신고 가능한 사항 : 〈면.지.지/.조.기/.공동.다수/.대금.날짜/.위탁관리〉 면적, 지분, 지분 비율 / 조건, 기한 / 공동 매수인의 일부 변경(일부가 제외되는 경우만 변경 가능), 다수 물건의 일부 변경(일부가 제외되는 경우만 변경 가능) / 거래가격, 중도금·잔금 및 지급일 / 위탁관리인의 성명·주소·전화번호·주민번호〉 (**계약일** ×, **계약금** ×, **교체** ×, **추가** ×) ② 신고관청은 '**지체 없이**' 변경된 내용으로 신고필증을 재발급(재교부)하여야 한다.

제 재	① 〈대지자, 조지자〉 거래대금 지급을 증명할 수 있는 자료 제출 요구에 불응한 자 및 기타 신고관청의 조치 명령에 불응한 자 〈허〉 부동산 거래가 없음에도 불구하고 거래가 된 것처럼 허위로 신고한 자 〈허〉 거래신고의 해제 등이 없음에도 허위로 해제 등의 신고를 한 자	( )만원 이하 과태료 ★
	* 〈부정목적〉 부정한 이익을 얻을 "목적"으로(또는 제3자에게 얻게 할 목적으로) "허위"신고나 "허위"해제신고를 한 자	3년 이하의 징역 또는 3천만원 이하의 벌금 ★
	② 〈거.게. 미친. 요. 자〉 ㉠ 부동산 거래신고를 "거부"한 자, ㉡ 부동산거래신고를 "게을리" 한 자, ㉢ 부동산거래신고를 하지 아니한 자("미신고"자), ㉣ 가격 등에 대하여 거짓신고를 "요구"한 자, ㉤ 거래대금 지급을 증명할 수 있는 자료 "이외"의 "자료(매매계약서 등)" 제출 요구에 불응한 자	( )만원 이하 과태료 ★
	③ 〈거짓신고자〉 (가격 등) "거짓"으로 부동산거래신고를 한 자	취득가액의 ( )% 이하 과태료 ★

정　　답	〈해제 등 신고〉 ① 30일 // 〈변경신고〉 전 // 〈제재〉 ① 3천만원 ② 500만원 ③ 10%

주택임대차신고제도

① '**임대차계약당사자**'는 주택('「주택임대차보호법」 제2조에 따른 주택'을 말하며, 주택을 취득할 수 있는 권리를 포함)에 대하여 '대통령령으로 정하는 금액[보증금이 "(   )만원"을 "초과"하거나, "또는" 월 차임이 "(   )만원]을 "초과"하는 임대차 계약을 체결한 경우 그 보증금 또는 차임 등 국토교통부령으로 정하는 사항을 임대차 계약의 체결일부터 (   )일 이내에 주택 소재지를 관할하는 신고관청에 **공동으로** 신고하여야 한다.

② 계약을 갱신하는 경우로서 보증금 및 차임의 "증감 없이" 임대차 기간만 연장하는 계약은 주택임대차신고를 할 필요가 (   ).

③ 주택임대차 계약의 신고는 '대통령령으로 정하는 지역'[특별자치시 · 특별자치도 · 시 · **군(광역시 및 경기도의 관할구역에 있는 군으로 한정한다)** · 자치구]에 적용한다. ★

④ '**임대차계약당사자**'는 신고한 후 해당 주택임대차 계약의 보증금, 차임 등 **임대차 가격이 '변경'**되거나 임**대차 계약이 '해제'**된 때에는 "변경" 또는 "해제"가 확정된 날부터 (   )일 이내에 해당 신고관청에 "공동"으로 신고하여야 한다.

⑤ 임대차계약 당사자 중 일방이 "국가 등"인 경우에는 "국가 등"이 신고하여야 한다.

⑥ 주택임대차신고를 하지 "아니하거나", "거짓신고"를 하거나, 변경 및 해제신고를 하지 아니한 경우에는 (   )이하의 과태료처분의 대상이 된다. ★

⑦ 개업공인중개사의 중개로 인한 주택임대차계약은 "**개업공인중개사**"에게는 주택임대차 신고의무가 "없으며", 거래당사자가 공동으로 주택임대차신고를 하여야 한다(개업공인중개사와 담당 소속공인중개사의 성명 포함). ★★

정　　답	〈주택임대차신고〉 ① 6천만원, 30만원, 30일 ② 할 필요가 없다 ④ 30일 ⑥ 100만원

제2장 토지거래허가제도

◆ **취지** : 토지에 대하여 투기가 성행하거나, 투기의 우려가 있는 경우, 토지거래허가구역으로 지정하여 "시·군·구청장"의 허가를 받아서 거래를 하여야 한다.

① 허가구역의 지정(지정권자 및 절차) ★
  ㉠ 허가구역이 2 이상의 (특·광) 시·도에 "걸치는" 경우에는 (　　　　　　)이 지정하고,
  ㉡ 하나의 (특·광) 시·도 안의 '일부'를 지정할 때에는 원칙적으로 (　　　　　)가 지정한다(다만, 시·도 안의 '일부'에 대하여 국가시행사업으로서 대통령령이 정하는 경우, "국토교통부장관"도 지정할 수 있다).
  ㉢ **"특정허가제"** : 특정한 용도·지목이나 특정 대상자 등을 정하여 지정할 수도 있다. ★
  ㉣ **지정 및 통지 절차** : '지가동향파악'(재지정시에는 시·군·구청장의 의견도 청취) ⇨ **"도시계획위원회"**의 **"심의"**(국토부장관은 "중앙"도시계획위원회의 심의, 시·도지사는 "시·도" 도시계획위원회의 심의) ⇨ "지정"("5년 이내" 기간을 정하여 지정) ⇨ 지정한 자는 이를 국토교통부장관, 시·도지사에게 '지체 없이' 통지 및 (일반인에게) "공고" ⇨ 시·도지사는 해당 시·군·구청장에게 통지 ⇨ "시·군·구청장"은 '지체 없이' 관할 '등기소장'에게 통지하여야 한다. 또한 이를 주민들에게 '7일' 이상 공고하고, '15일'간 열람하게 한다. 〈☎ 7공주 15열〉

② 효력발생 : 허가구역 지정 공고일로부터 "(　　)일 후"부터 효력이 발생한다. ★

③ 허가대상 토지 : 일정한 "기준면적"을 "초과"하는 토지는 허가를 받아야 한다[단, 국토교통부장관이나 시·도지가 허가구역을 지정할 때, 기준면적의 10% 이상 300% 이하의 범위에서 달리 정하여 공고(특별공고)할 수 있다].

기준면적	내 용
"도시지역"	㉠ 주거지역 ⇨ (　　　) 초과시 허가 필요 ㉡ 상업지역 ⇨ (　　　) 초과시 허가 필요 ㉢ 공업지역 ⇨ (　　　) 초과시 허가 필요 ㉣ 녹지지역 ⇨ (　　　) 초과시 허가 필요 ㉤ 용도지역의 지정이 없는 구역 ⇨ 60m² 초과시 허가 필요
도시지역 "외"의 지역	㉥ 농지의 경우 ⇨ 500m² 초과시 허가 필요 ㊀ 임야의 경우 ⇨ 1,000m² 초과시 허가 필요 ㉦ 기타 ⇨ 250m² 초과시 허가 필요

④ 허가대상 거래 및 허가신청 ★
  ㉠ 〈☎ 소.지.유.예〉 토지에 대한 "소유권" 및 "(　　　　)"의 설정 및 이전에 관한 (　　　)의 계약 및 예약을 하기 전에 (　　　　　)의 허가(사전허가)를 받아야 한다(☎ 매매계약 ○, 교환계약 ○, 유상의 지상권 설정 및 이전계약 ○). [「공익사업법」상의 토지수용 ×, 법원경매 (압류부동산 공매) ×, (무상)증여계약 ×, 무상의 지상권 설정 및 이전 ×]
    ⓐ "매매계약"은 허가를 (　　　　　　　　).
    ⓑ "법원경매"(압류공매 포함)로 취득하는 경우에는 토지거래허가를 (　　　　　　　).
    ⓒ "무상증여"로 취득하는 경우에는 토지거래허가를 (　　　　　　　).
  ㉡ 〈**허가신청서 + 자금조달계획서**〉 토지거래계약의 허가를 받으려는 자는 그 "허가신청서"에 "계약내용, 예정가격"과 그 토지의 "이용계획", 취득 "자금 조달계획" 등을 적어 시장·군수 또는 구청장에게 제출하여야 한다.
    〈☎ 금액상관 없이 무조건 허가신청시 자금조달계획서를 첨부하여야 한다.〉

⑤ 허가처분 : 시·군·구청장은 "(　　　)일 이내"에 허가처분이나 불허가처분을 하여야 한다. ★ (15일 이내에 아무런 통지가 없으면 그 "다음 날"에 허가를 받은 것으로 본다) ★

⑥ 허가처분의 효과
　㉠ 허가받은 토지이용의 목적대로 토지를 "이용(사용)"하여야 한다.
　　[☎ 의무이용기간 : "자기"의 거주용 주택용지, 농업용, 어업용, 축산업용, 대체 토지 등은 "(　　)년", "사업시행자"가 사업시행을 위한 경우에는 "(　　)년", 현상보존 목적은 "5년"].
　㉡ 허가받은 목적대로 토지를 이용하지 아니하면, "이행명령['3개월' 이내 이용하라, '문서'(서면)주의]"과 "이행강제금(10% 범위 내)" 부과한다.

> ☎ 〈이행강제금 부과기준〉
> "실제거래가" 기준 토지가액의 "10% 범위" 내에서 매년 "한 번" 부과한다. 이용하지 아니하고 그대로 "방치"한 경우는 "10%", 무단 "임대 7%", 무단 "변경 5%", "기타 7%"를 부과(이행 강제금 부과처분 고지 받은 날로부터 "30일" 이내 이의제기 가능) (이미 부과된 것은 징수한다).

⑦ 불허가 처분
　㉠ 〈계〉 토지이용이 도시계획에 맞지 아니한 경우, 〈생〉 생태계의 보전과 〈생〉 생활환경보호에 중대한 위해를 끼칠 경우, 〈면〉 면적이 토지이용목적에 적합하지 아니한 경우에는 불허가 처분을 한다.
　㉡ 불허가 처분시 (　　　) 이내에 "이의제기"하거나, (　　　) 이내에 시·군·구청장에게 "매수청구"를 할 수 있다. "매수청구"는 (　　　　)가격을 기준으로 한다.

⑧ 선매신청 : 〈공,허〉
허가신청을 한 토지가 "공익사업용" 토지이거나 "허가받은 목적대로 이용하지 않는" 토지인 경우, 국가 등이 먼저 매수하고자 하는 "선매신청"을 할 수 있다. "선매협의"는 (　　　　)가격을 기준으로 한다. (다만, 매수청구나 선매신청의 경우, "허가신청서"에 기재된 가격이 더 "낮은" 경우에는 "낮은" 가격이 적용될 수 있다) ★

⑨ 기 타

무허가 계약	㉠ 허가를 "배제"하거나 "잠탈"하고 거래계약을 체결한 경우에는 "확정적" 무효이다. 형벌은 2년 이하의 징역 또는 토지가액(공시지가 기준)의 100분의 30에 해당하는 금액 이하의 벌금에 처한다. ★ ㉡ 허가받는 것을 "전제"로 한 계약은 "유동적" 무효이며, 처벌하지 아니한다. ★
유동적 무효	㉠ 유동적 무효상태에서는 계약의 "이행"을 청구(중도금 지급, 잔금지급, 등기이전 등)할 수 "없다". ㉡ 상호 협력하여 토지거래허가를 받아야 할 "협력의무"가 있으며, 일방이 허가신청의 "협력의무"를 위반시에는 소(訴)를 통하여 이행을 청구할 수 있으며, "손해배상액"을 미리 예정 할 수도 있다. ★ ㉢ "계약금계약"에 기한 해제권은 "인정"된다. ㉣ 토지허가구역 내에서 "중간생략등기"의 효력은 "무효"이다.
타 제도 와의 관계	㉠ "토지거래허가"를 받은 경우에는 「부동산등기 특별조치법」상의 "검인"은 받은 것으로 본다. ★ ㉡ "토지거래허가"를 받은 경우에는 "농지취득자격증명"을 받은 것으로 본다. ★ ㉢ 외국인이 "토지거래허가"를 받은 경우에는 외국인특례상의 취득 허가도 받은 것으로 본다 (군사시설보호구역 등). ★ ㉣ "토지거래허가"를 받은 경우에도 매매의 경우, "부동산거래신고"는 별도로 하여야 한다. ★

| 정　답 | 〈토지거래허가제〉 ① 국토교통부장관, 시·도지사 ② 5일 ③ ㉠ 60m² ㉡ 150m² ㉢ 150m² ㉣ 200m² ④ 지상권, 유상, 시·군·구청장 ⓐ 받아야 한다 ⓑ 받을 필요 없다 ⓒ 받을 필요 없다 ⑤ 15일 ⑥ ㉠ 2년, 4년 ⑦ 1개월, 1개월, 공시지가 ⑧ 감정가 |

제3장 외국인 등의 부동산 취득에 대한 특례

외국인 부동산 취득 특례 (신고제/ 허가제) 시·군· 구청장	◆ 취지 : 외국인이 대한민국 내의 부동산 "소유권"을 "취득"할 때에 규제를 받아야 한다.

◆ 취지 : 외국인이 대한민국 내의 부동산 "소유권"을 "취득"할 때에 규제를 받아야 한다.

• 외국인 : ① 대한민국 국적이 없는 자 ② 한국법에 따라 설립된 법인·단체라 하더라도, (임원, 의결권, 구성원, 자본금 등) "1/2 이상"이 한국국적이 아닌 법인 또는 단체 ③ 외국법에 따라 설립된 법인 또는 단체, 외국정부, 국제기구 등을 말한다.

① 외국인이 매매계약(매매계약은 30일 이내에 부동산거래신고) 이외의 "계약"(증여계약, 교환계약 등)을 원인으로 대한민국 내의 부동산의 소유권 취득시 : 계약일로부터 (　　　) 이내에 부동산이 소재하는 시장·군수 또는 구청장에게 신고하여야 한다. 위반시 (　　　) 이하 과태료

② 외국인이 계약 "이외"의 원인(법원경매, 상속, 합병, 신축, 개축 등)으로 소유권 취득시 : "소유권 취득일"로부터 (　　　) 이내에 신고하여야 한다. 위반시 (　　　) 이하 과태료

③ 대한민국 국민이 외국인으로 "국적"이 변경된 경우에도 해당 부동산을 "계속" 보유하고자 할 때 신고 : 국적변경일로부터 (　　　) 이내에 신고하여야 한다. 위반시 (　　　) 이하 과태료

④ 외국인의 취득 허가구역 : 〈☎ 군사. 문화(천연). 야생. 생태〉 (2년 − 2천)

㉠ 「군사기지 및 군사시설 보호법」상 "(　　　)시설보호구역"과 기타 대통령령으로 정하는 지역(국방상 필요한 국가중요시설과 그 인근지역, 군부대주둔지와 그 인근지역, 섬지역 등 '국토교통부장관'이 고시하는 지역)

㉡ 「문화재보호법」, 「자연유산의 보존 및 활용에 관한 법률」상 "(　　　)보호구역"(천연기념물·명승 및 시·도 자연유산과 이를 위한 보호물 또는 "보호구역" 포함)

㉢ 「야생생물 보호 및 관리에 관한 법률」상 "야생생물특별보호구역"

㉣ 「자연환경보전법」상 "생태경관보존지역"은 시·군·구청장의 사전 "허가"를 받고 거래를 하여야 한다.

㉤ 시·군·구청장의 허가 없이 거래계약을 체결한 경우, 그 거래계약은 "무효"이며, (　　)년 이하의 징역 또는 (　　)원 이하의 벌금에 처한다.

㉥ 허가·불허가는 신청일로부터 (　　)일 이내에 처분된다[단, 군사시설보호구역은 (　　)일 이내 ＋ 30일 이내 1회 연장 가능].

타 제도와의 관계

⑤ 외국인이 "매매계약"을 원인으로 부동산의 소유권을 취득한 경우, 매매계약일로부터 "30일 이내"에 "부동산거래신고"를 한 경우에는 외국인 취득 특례 상의 60일 이내의 취득신고를 (　　　).

⑥ 외국인이 "토지거래허가구역"에서 "토지거래허가"를 받은 경우에는 외국인 취득 특례상의 취득허가를 (　　　).

| 정　답 | 〈외국인특례〉 ① 60일, 300만원 ② 6개월, 100만원 ③ 6개월, 100만원 ④ 군사, 문화재, 2년, 2천만, 15일, 30일 ⑤ 한 것으로 본다 ⑥ 받은 것으로 본다 |

제4장 부동산 거래신고 등에 관한 법령상의 포상금

① "시장·군수 또는 구청장"은 신고대상에 해당하는 자를 관계 행정기관이나 수사기관에 신고·고발한 자에게 "예산의 범위"에서 포상금을 지급할 수 있다.

② 포상금 지급 비용은 "시·군이나 구"의 재원으로 충당한다. ⟨☎ 국고 보조 규정이 없다⟩

③ 신고하려는 자는 신고서에 "증거자료"를 첨부하여 제출하여야 한다.

④ 신고관청 또는 허가관청은 포상금지급신청서가 "접수"된 날로부터 "(　　)" 이내에 지급하여야 한다.
　⟨☎ 비교 : 「공인중개사법」은 결정일로부터 '1개월' 이내 지급⟩

⑤ 다음의 경우는 포상금을 지급하지 아니할 수 있다.
　㉠ 공무원이 직무와 관련하여 발견한 사실을 신고·고발한 경우
　㉡ 해당 위반행위를 한 자이거나, 관여한 자가 신고·고발한 경우
　㉢ 익명이나 가명으로 신고·고발하여 (신고인·고발인을) 확인할 수 없는 경우

구 분	신고고발대상	처벌(포상금 지급요건)	포상금액
신고 위반	① ⟨거⟩ 부동산거래신고를 실제거래 가격을 "거짓"으로 신고한 자	취득가액의 10% 이하 과태료 (과태료 부과)	과태료의 (　　)%를 지급 [한도는 (　　)만원]
	② ⟨거⟩ 주택임대차 신고를 "거짓"으로 신고한 자	100만원 이하 과태료 (과태료 부과)	과태료의 20%를 지급
	③ ⟨허⟩ (부동산거래신고 관련) 거래가 없음에도 불구하고 거래가 있는 것처럼 "허위·가장" 신고를 한 자	3천만원 이하 과태료 (과태료 부과)	과태료의 20%를 지급
	④ ⟨허⟩ (부동산거래신고 관련) 해제가 없음에도 불구하고 해제된 것처럼 "허위·가장" 신고를 한 자	3천만원 이하 과태료 (과태료 부과)	과태료의 20%를 지급
허가 위반	⑤ ⟨부⟩ "부정"한 방법으로 토지거래 허가를 받은 자	2년 이하의 징역 또는 토지가액의 30% 이하의 벌금 (검사의 공소제기 또는 기소유예 결정)	1건당 (　　)만원
	⑥ ⟨사⟩ 허가받은 목적대로 토지를 "이용(사용)"하지 아니한 자	이행명령 및 이행강제금(이행명령)	1건당 50만원
	⑦ ⟨무⟩ "무허가"(허가를 받지 아니하고) 계약을 한 자	2년 이하의 징역 또는 토지가액의 30% 이하의 벌금 (검사의 공소제기 또는 기소유예 결정)	1건당 50만원

▮ 정 ▯ 답 ▮　⟨신고법상의 포상금⟩ ④ 2개월 ① 20%, 1천만원 ⑤ 50만원

[제3편] 중개실무

중개실무	중개계약 ⇨ 중개대상물 조사·확인 ⇨ 영업(판매)활동 ⇨ 거래계약의 체결		
중개계약	① **성격** : 민사중개계약, 낙성·불요식계약, 유상·쌍무계약, 위임유사계약 　☎ (판례) 개업공인중개사에게 "선량한 관리자"의 주의의무가 (　　　　). ② **종 류** 　㉠ 개업공인중개사의 독점성을 기준으로 (일반, 전속, 독점)중개계약 　㉡ 보수지급방식을 기준으로 (정가, 정률, 순가)중개계약 　㉢ 개업공인중개사의 숫자를 기준으로 (단독, 공동) 중개계약 등으로 구별할 수 있다. 　☎ '순가중개계약' 체결은 그 자체로서 처벌(　　　　). 다만, 중개보수를 법정한도를 초과하여 취득한 경우에는 초과중개보수로 처벌될 수 있다.		
중개대상물 조사·확인	① **방법** : 공부상 검토(대장·등기부 등) + 현장답사(유치권 등) + 자료요구 ② **설명사항** : 물건의 기본적인 사항, 권리관계, 공법상 이용제한·거래규제, 내·외부시설물의 상태, 벽면·**바닥면**·도배상태, 환경조건, 입지조건, 취득 조세, 거래예정가격, 중개보수 등		
(1) 물건의 기본적인 사항	**면 적**	① 대장상의 "면적"과 등기부(표제부)면적이 서로 다르면 (　　　　　)을 기준으로 한다. ② 개업공인중개사에게 측량의 의무는 (　　　　).	
	지 목	① (토지·임야) 대장으로 확인(지적도·임야도는 약어로 부호표시) ② **지목부호 차(次)문자** : ☎ 〈장. 차. 천. 원〉 ⇨ 공'장'용지, 주'차'장용지, 하'천', 유'원'지 　(☎ 비교 : 공 – 공원, 주 – 주유소용지, 학 – 학교용지, 유 – 유지)	
	경 계	① **원칙** : 경계는 "지적도(도면)상"의 경계에 의하여야 한다. (　　　　)의 경계로 소유권의 범위가 특정된다(판례). ② **예외** : 지적도가 기점선택 등 원시적으로 잘못 만들어진 경우나 거래당사자의 특별한 의사표시가 있는 경우 등(특별한 경우)에는 "실제 경계"를 기준으로 한다.	
	지세 지형	① **지세(경사)** : (　　　　　　)를 통하여 확인한다. ② **지형(형상)** : 지적도·임야도로 확인한다.	
	건 물	실제 이용 상태는 현장답사를 통하여 확인한다.	

	등기부 확인	① 등기부 "갑구(소유권)"와 "을구(소유권 이외 권리)"의 권리관계를 확인하여야 한다. ② **판단의 기준** : ㉠ '대장'상의 소유권자와 '등기부'상의 소유권자가 서로 다른 경우는 (　　　) **상의 소유권자**를 기준으로 중개를 하여야 한다. ㉡ 등기부상 소유자와 '실제' 소유자가 다른 경우에는 (　　　)와 거래계약을 체결하여야 한다. ③ 동일부동산의 권리의 우열순위 : ☎ 〈동순별접〉 동구(東區)의 경우에는 '순위번호', 별구(別區)는 '접수번호' 순으로 확인한다.
(2) 권리관계	권리의 진정성 확인	① **진정한 권리자 확인** : 등기부와 주민등록증 등(등기필증 소지 여부, 재산세 납부 여부 등)을 통하여 확인하여야 한다. ② **소유권의 "공유" 관계** ㉠ 공유물의 **"보존"행위**는 **"각자"**가 할 수 있다. ㉡ 공유물에 대한 **"관리방법"의 결정**은 (　　　)의 **"과반수"**로 결정을 한다. ㉢ 공유 **"지분"의 처분**은 자유이나, 공유물 **"자체"의 처분**은 전원의 동의가 있어야 한다. ㉣ 공유물의 **"사용·수익"**은 지분의 **"비율"**대로 한다. ㉤ ☎ (판례) 상가건물이 공유인 경우, 임차인의 계약갱신 요구에 대한 거절은 "관리행위"에 해당하므로 "지분의 과반수"로 결정한다. ③ **유치권** : 물건(또는 유가증권)에 "관하여 발생(견련성)"한 채권을 전부 변제받을 때까지 물건(또는 유가증권)을 계속 점유·유치하고 인도를 거절할 수 있는 권리(「민법」 제320조). "법정담보물권"에 해당된다. ㉠ "공사대금채권"이나 "건물수리대금채권"에는 유치권을 행사할 수 (　　　). ★ (단, 불법점유가 아니어야 하며, 변제기는 경과되어야 함. 유치권 배제 특약이 없어야 함) ㉡ "보증금", "권리금", "매매대금"(부속물·지상물 매수청구권 행사 등)에 대하여는 유치권을 행사할 수 (　　　). ★ ㉢ 경매개시결정등기(압류발생) "이후"에 성립된 유치권은 낙찰자에게 대항할 수 (　　　). ★ ④ **법정지상권** : 토지와 건물이 동일인 소유이었으나, 일정한 원인으로 토지와 건물의 소유자가 달라지게 된 경우, 건물의 유지를 위하여 건물소유자에게 지상권을 인정하는 제도이다. ㉠ 「민법」 제305조(전세권), 「민법」 제366조(저당권), 「가등기담보법」 제10조, 「입목법」 제6조, 관습법상의 법정지상권(건물 철거 특약이 없는 경우)이 있다. ㉡ 토지와 건물은 "공동저당"을 설정한 후 건물이 "철거"되고 "신축"된 경우에는 법정지상권이 인정되지 "아니"한다. ★ ㉢ "건물이 없는 대지(나대지)"에 저당권 설정 후 건물이 신축된 경우, 법정지상권은 인정 (　　　). ★ ⑤ **근저당권** : **"채권최고액"을 확인·설명**하면 되며, 현재의 실제 채무액은 설명의무가 "없다". ★

(3) 공법상 제한	① **용도지역 · 지구 · 구역 등**: 주로 "토지이용계획확인서"를 기준으로 확인한다. ② **기타**: "부동산종합정보망" 등을 통하여 확인한다. ③ **건폐율과 용적률의 "상한"**: "시 · 군 조례"를 통하여 확인한다. ★
영업활동	① 아이다(AIDA) 원리를 활용한다(A − 주의, I − 흥미유발, D − 구입욕망, A − 행동, 계약체결). ② 셀링포인트(selling−point)(판매소구점) 등을 잘 활용하여 클로징(Closing; 계약마무리)을 유도한다.
거래계약의 체결	① **"서면"에 의한 거래계약서**: 거래계약서는 자유서식(자유양식)으로, 필요적 기재사항을 반드시 기재하여 작성한다. ② **부동산거래계약 "전자시스템"에 의한 전자계약**: ㉠ "국토교통부"에서 국토교통부장관이 구축 · 운영하는 "부동산전자계약시스템(부동산거래계약 전자시스템)"에 계약의 내용을 입력하여, "전자거래계약서"와 "전자확인 · 설명서"를 작성한 경우에는, 자동으로 공인전자문서센터에 보존된다. ㉡ 매매계약의 경우, 자동으로 부동산거래신고가 되며, 임대차계약의 경우, 자동으로 전자임대차계약서에 확정일자가 부여되는 편리함이 있다. 또한 전자시스템으로 거래계약을 해제하면, 부동산거래해제신고를 한 것으로 "본다". ③ **전자계약서와 서면계약서의 관계**: ㉠ "부동산전자계약시스템"에 계약의 내용을 입력하여 작성한 경우에는 공인전자문서센터에 자동으로 보존된다. ㉡ 그러므로 **개업공인중개사는 별도로 거래계약서를 또 다시 작성하여 개별적으로 보존할 필요가 ( ), 별도로 부동산거래신고를 할 필요도 ( ).**

> **정　답**　〈중개계약〉 ① 있다 ② 되지 않는다 // 〈면적〉 ① 대장면적 ② 없다 // 〈경계〉 ① 도면상 // 〈지세〉
> ① 현장답사 // 〈등기부확인〉 ㉠ 등기부 ㉡ 실제소유자 // 〈권리의 진정성〉 ② ㉡ 지분 ③ 〈유치권〉 ㉠ 있다 ㉡ 없다
> ㉢ 없다 ④ 〈법정지상권〉 ㉢ 되지 않는다 // 〈거래계약의 체결〉 ③ 없고, 없다

	분묘기지권과 장사 등에 관한 법률
분묘 기지권	① **의의**: 분묘의 수호와 봉제사를 위하여, 타인 토지를 사용하고 수익하는 ( )이다. ② **요건**: '봉분'과 '유골'이 있는 형태로서, 다음의 3가지 유형 중 '하나'의 요건을 갖추면 발생된다. 　㉠ 타인소유의 토지에 승낙 없이 설치한 후, ( )년 이상을 점유하여 시효 취득한 경우 (등기는 요구하지 않는다) (☎ 지료 "청구시" 지료지급의무 발생) 　㉡ **토지소유자의 승낙을 얻어서 설치한 경우**: 즉시 인정 　㉢ 자기 소유의 토지에 분묘를 설치한 후, 분묘에 대한 이장 · 철거의 특약 없이 "토지만" 거래된 경우에 인정된다(☎ 분묘기지권 "성립시" 지료지급의무 발생). ③ **인정범위** 　㉠ 분묘를 수호 · 봉제사를 하는 동안은 분묘기지권은 ( ) 존속된다. 　㉡ 분묘기지권의 범위는 ( )에 **미친다**. ④ **한계**: (판례) 　㉠ 봉분이 없는 "평장"이나 "암장"은 분묘기지권이 인정 ( ). ★ 　㉡ 유골이 없는 "가묘"에 대하여 분묘기지권이 인정 ( ). ★ 　㉢ 새로운 권능으로 "합장"이나 "쌍분"은 인정 ( ). ★

장사 등에 관한 법률	* **〈취지〉** 분묘기지권이 계속적으로 인정됨으로써 토지소유자에게 막대한 희생을 강요하게 되어, 토지소유자를 보호하기 위하여 2001년 1월 13일 "이후"에 "설치"된 분묘에 대하여는 "장사법"이 적용된다. ① **분묘기지권의 제한** : 타인의 토지에 토지소유자의 "승낙 없이", 분묘나 자연장지를 설치한 자는 자신의 분묘에 관한 권리를 주장할 수 (　　　). ② **분묘에 대한 제한** : 매장에 대한 제한으로 면적과 기간을 "제한"하며, 이를 위하여 신고나 허가를 요구한다. 　㉠ **개인묘지** : 설치한 후 (　　　) 이내에 시장 등에게 (　　　)하고, 면적은 (　　　)m² 이하이어야 한다(**개인지연장지** : 30일 이내 사후신고, 30m² 미만). 　㉡ **가족묘지** : 시장 등의 (　　　)를 받아야 한다. 가족당 1개소만 설치할 수 있고, 그 전체 면적은 (　　　)m² 이하이어야 한다(**가족지연장지** : 사전신고, 100m² 미만). 　㉢ **종중(문중)묘지** : 시장 등의 (　　　)를 받아야 한다. 종중(문중)당 1개소만 설치할 수 있고, 그 전체면적은 (　　　)m² 이하이어야 한다(**종중 · 문중지연장지** : 사전신고, 2천m² 이하). 　㉣ **법인묘지** : 시장 등의 (　　　)를 받아야 한다. 그 전체면적은 10만m² (　　　)이어야 한다. (**법인지연장지** : 사전허가, 5만m² 이상) (종교단체는 4만m² 이하) 　㉤ 가족 · 종중 · 법인묘지의 "1기"당 면적은 (　　　)m² 이하, "합장"은 (　　　)m² 이하이어야 한다. 　㉥ **사설묘지 설치기간** : (　　　)년간만 설치할 수 있다(다만, 30년 1회에 한하여 연장 가능, **최장기간은 60년**). (합장은 합장된 날 기준, 연장기간은 조례로 5년 이상 30년 미만으로 단축 가능) ★ 　㉦ **기간 만료시 (　　　)년 이내에 철거하여야 한다**(위반시 1년 이하 징역 또는 1천만원 이하의 벌금). 　㉧ **매장신고** : 매장을 한 경우에는 매장 후 (　　　) 이내에 신고하여야 한다.

정　답	〈분묘기지권〉 ① 물권 ② ㉠ 20년 ③ ㉠ 계속, ㉡ '기지'뿐만 아니라, 분묘의 수호 · 봉사에 필요한 '공지'까지 ④ ㉠ 되지 않는다 ㉡ 되지 않는다 ㉢ 되지 않는다 // 〈장사 등에 관한 법률〉 ① 없다 ② ㉠ 30일, 신고하여야, 30m² ㉡ 사전허가, 100m² ㉢ 사전허가, 1천m² ㉣ 사전허가, 이상 ㉤ 10m², 15m² ⑥ 30년 ⑦ 1년 ⑧ 30일

	부동산등기 특별조치법
검인 제도	① 토지와 건물에 대하여, "(계약)"을 원인으로 "(소유권)""(이전등기)"를 신청하는 경우에는 그 계약서에 시 · 군 · 구청장의 "검인"(檢印)을 받은 "검인계약서"를 등기소에 제출하여야 한다. 〈☎검인 : 계. 소. 리〉 ② "부동산거래신고"를 하고 신고필증을 받은 경우에는 매매계약서에 검인을 (　　　). ★ ③ "토지거래허가"를 받아 허가증을 받은 경우에는 매매계약서에 검인을 (　　　). ★

정　답	〈부동산등기 특별조치법〉 ② 받은 것으로 본다 ③ 받은 것으로 본다

	부동산 실권리자명의 등기에 관한 법률
적용범위	"누구든지" 부동산에 대한 "( )등기"를 할 때에는 "실명"으로 등기를 하여야 하며, 타인의 명의를 차용(명의신탁)하면 안 된다.
3무효 원칙	① 명의신탁 약정은 "무효" ② 약정에 기한 등기는 "무효" ③ 물권변동도 "무효" * 다만, "계약명의신탁"에서, 매도인의 "선의"시에는 수탁자 등기는 "유효", 물권변동도 "유효"이다. * 배우자(법률혼), 종중, 종교단체의 경우에는 불법 등의 목적이 아닌 한, 명의신탁약정은 "유효"이다.
유 형	① "2자" 간 등기명의신탁(양자 간, 이전형) : 명의신탁자가 실체적 거래 '없이', 등기명의만 명의수탁자에게 이전해 두는 형태 　㉠ 신탁자와 수탁자 간 '약정'의 효력은 ( )이고, '등기'의 효력도 ( )이고, '물권변동'의 효력도 ( )이다. ⇨ 소유권은 여전히 "명의신탁자"에게 귀속된다. 　㉡ '신탁자'는 소유권에 기한 방해제거청구권을 근거로 '수탁자'의 무효등기의 "말소"를 청구할 수 있으며, 또한 "진정명의회복"을 원인으로 이전등기를 청구할 수도 있다. ★ 　㉢ '수탁자'가 수탁재산을 임의로 처분한 경우, 형사상 "횡령죄"로 처벌 ( ). 다만, 「민법」 제750조의 불법행위는 성립될 수 있다(판례). 또한 이 경우, "제3자"는 (불법행위에 적극가담하지 아니한 이상) "선의·악의"를 불문하고 권리를 취득한다. ★ ② "3자" 간 등기명의신탁(중간생략형) : 명의신탁자가 매도인과 직접거래를 하고, 등기명의만을 명의수탁자의 이름으로 받아두는 형태. 　㉠ 신탁자와 수탁자 간 약정의 효력은 ( )이고, '등기'의 효력도 ( )이고, '물권변동'의 효력도 ( )이다. ⇨ 소유권은 여전히 "매도인"에게 귀속된다. 　㉡ "신탁자"는 수탁자 명의의 등기를 매도인을 "대위"하여 "말소"청구를 한 후, 매도인으로부터 소유권이전등기청구를 할 수 ( ). ★ 　㉢ 수탁자가 수탁재산을 임의로 처분한 경우, 형사상 "횡령죄"로 처벌 ( ). 다만, 「민법」 제750조의 불법행위는 성립될 수 있다(판례). 또한 이 경우, 제3자는 (불법행위에 적극가담하지 아니한 이상) 선의·악의를 불문하고 권리를 취득한다. ★ ③ "계약" 명의신탁(위임형) : 계약명의신탁자가 "은닉"하여 계약명의수탁자에게 매수 "자금"을 지원하고, "명의수탁자"가 대신 수탁자 자신의 명의로 계약을 하고 등기를 받아두는 형태 　㉠ 신탁자와 수탁자 사이의 명의신탁약정은 ( )이다. 　㉡ "매도인"이 "선의"의 경우 수탁자의 등기는 ( )하고, 물권변동의 효력도 ( )하다. 　　⇨ 소유권은 "명의수탁자"에게 이전된다. 　㉢ 수탁자가 수탁재산을 임의로 처분한 경우, 형사상 "횡령죄"로 처벌 ( ). 　㉣ 신탁자는 소유권을 주장할 수 없다. 다만, 매수자금은 부당이득반환을 청구할 수 있다. ★ 　㉤ 수탁자가 자의로 소유권이전등기를 한 경우, 대물변제(대물반환)로서 유효하다. ★

특 례	① 원칙 : 명의신탁 약정은 무효이다. ② 예외 : 〈☎ 배.종.종〉 배우자(법률혼에 한함), 종중(종중재산을 종중 이외의 자의 명의로 등기), 　종교단체(종교단체 산하기관의 부동산을 종교단체 명의로 등기)는 탈세, 탈법, 강제집행면탈 　등을 목적으로 하지 않는 이상, 명의신탁약정은 "유효"이다. 　　㉠ 이 경우에는 명의신탁약정이 (　　　)하고, 수탁자의 이전등기도 (　　　)하다. 　　㉡ 명의수탁자는 "대외적" 소유권을 취득한다("대내적" 소유권은 명의신탁자에게 인정). 　　㉢ 제3자에 대한 물권적 방해제거청구권은 명의 "수탁자"에게 있다(명의신탁자는 "대위 　　　행사"만 가능하고 직접 제3자에게 행사할 수는 없다). ★ 　　㉣ 명의신탁자는 "유효"한 명의신탁약정을 "해지"하고, 소유권 "이전"등기를 청구할 수 　　　있다(무효등기 말소 ×). ★
적용 제외	〈☎ 양.가.구.신〉 양도담보, 가등기담보, 구분소유자의 공유등기(이른바, 상호명의신탁), 「신탁법」상의 신탁등 기는 이 법상의 (금지되고 처벌되는) 명의신탁 약정이 "아니다".
벌 칙	① "명의신탁자"에 대한 "과징금" : 부동산 평가액 (　　　)% "범위 내"에서 부과 ② "명의신탁자"에 대한 "이행강제금" 　　㉠ "1차" : 과징금 부과일로부터 1년 경과시 − (부동산평가액의 "10%")를 부과 　　㉡ "2차" : 다시 1년 경과시 − (부동산평가액의 "20%")를 부과 ③ 형벌 벌칙 　　㉠ 명의신탁자 : (　　　)년 이하 징역 또는 (　　　)억 이하의 벌금형의 대상이다. 　　　　〈☎ 신.5 − 2〉 　　㉡ 명의수탁자 : 3년 이하 징역 또는 1억 이하의 벌금형의 대상이다. 〈☎ 수.3 − 1〉

정　　답	〈적용범위〉 물권(物權) // 〈유형〉 ① 〈2자 간 명의신탁〉 ㉠ 무효, 무효, 무효 ㉡ 되지 아니한다 ② 〈3자 간 명의신탁〉 ㉠ 무효, 무효, 무효 ㉡ 있다 ㉢ 되지 아니한다 ③ 〈계약명의신탁〉 ㉠ 무효 ㉡ 유효, 유효 ㉢ 되지 아니한다 // 〈특례〉 ① ㉠ 유효, 유효 // 〈벌칙〉 ① 30% ③ ㉠ 5년, 2억

주택임대차보호법과 상가건물 임대차보호법	
취 지	＊「민법」상의 임차권은 "채권"에 불과하므로, 임대인으로부터 소유권(물권)을 취득한 새로운 　소유자에게 자신의 임차권을 주장하지 못하여, 주거생활과 경제생활의 불안정이 문제가 　된다. ＊「민법」의 특별법으로서 "주택임대차보호법"과 "상가건물 임대차보호법"을 제정하여, "임차권 　(채권)의 '물권화(物權化)'"를 인정하여, 새로운 소유자에게도 자신의 임차권을 주장할 수 　있으며(대항력), 최단 존속기간을 보장하고, 또한 법원경매시 임차보증금을 다른 권리자보다 　우선하여 배당해 준다(우선변제권, 최우선변제권)는 내용이 주요한 취지가 된다.
적용범위	① 「주택임대차보호법」의 보호를 받는 주택은 "사실상"의 "주된 용도"가 "주거용"이면 임차인 보호 　는 보호된다. 　　㉠ 건축물대장(공부)이 기준이 아니다. ★ 　　㉡ 일부용도가 주거 이외의 다른 용도로 사용하여도 무방하다. ★ 　　㉢ 법인 중에서는 3개만 보호된다. 〈주.지.중〉 (☎ 주택・토지공사, 지방공사, 중소기업) 　　㉣ 외국인도 보호된다. 　　㉤ 일시사용 목적은 (　　　　　). ★ 　　㉥ 미등기전세는 (　　　　　). ★

	② 「상가건물 임대차보호법」의 보호를 받는 상가건물은 "사업자등록"이 가능한 "영업용" 건물이어야 하고, "환산보증금"이 일정금액 "이하"이어야 한다. 　㉠ "환산보증금" = 보증금 ＋ (월세 × 100) 　㉡ "서울특별시" 기준으로 환산보증금이 "9억원" 이하에 적용되며, 9억원을 초과한 경우에는 원칙적으로 「상가건물 임대차보호법」의 보호를 받지 못한다. 　㉢ 다만, 예외적으로 환산보증금이 일정금액을 초과하더라도 보호되는 규정이 있다. 　　★ [보호되는 규정 : 〈☎ 대.권.계.3.표.폐〉 대항력, 권리금 보호, 계약갱신요구권(존속기간 약정시), 3기 연체시 일방 해지(갱신거절), 표준임대차계약서 권장제도, 감염병으로 인한 폐업시 해지권] ★ 　㉣ 외국인과 법인도 모두 보호된다. 　㉤ 일시사용 목적은 적용 (　　　　). ★ 　㉥ 미등기전세는 적용 (　　　　). ★
존속기간의 보장	＊ 최소 존속기간보다 짧은 기간으로 임대차계약을 한 경우에도 임차인을 위하여 "최소 존속기간"을 보장하며, 또한 "임차인"에게 일정한 "계약갱신요구권"을 인정한다. 또한 계약기간 종료되기 (일정기간) 전에 임대인으로부터 아무런 해지통보가 없는 경우에는 "묵시적으로 갱신(법정갱신)"시켜, 임차인의 안정적인 주거생활과 경제생활을 보호한다. ① 주택임대차 존속의 보장 　㉠ 최단기간 보장 : 2년 미만으로 약정을 하여도, 최소 (　　　) 보장한다. ★ 　㉡ 계약갱신요구권 인정 : '임차인'은 기간만료 전 6개월부터 (　　)개월 전까지 계약갱신을 요구할 수 있고, 임대인은 정당한 사유(고의나 중과실로 파손, (　　) 차임연체, 임대인 실제 거주 목적 등) 없이 거절할 수 없다. ★ 　㉢ 묵시적 갱신(법정갱신) 인정 : '임대인'이 임대차 종료 전 6개월부터 (　　)개월 전까지 갱신거절 통지가 없고, '임차인'이 종료 전 (　　)개월 전까지 종료통지가 없으면, 묵시적으로 갱신된다. 묵시적 갱신기간은 (　　)으로 본다. 2기 차임액이 연체되면 묵시적 갱신은 인정되지 아니한다. ★ ② 상가임대차 존속의 보장 　㉠ 최단기간 보장 : 1년 미만으로 약정을 하여도, 최소 (　　)년을 보장한다. ★ 　㉡ 계약갱신요구권 인정 : "임차인"은 기간만료 전 6개월부터 (　　) 사이에 계약갱신을 요구할 수 있고, "임대인"은 정당한 사유[고의나 중과실로 파손, (　　) 차임액에 연체, 무단 전대차 등] 없이 거절할 수 없다. 갱신기간은 최초 계약을 포함하여 (　　) 범위 내에서 인정된다. 　㉢ 묵시적 갱신(법정갱신) 인정 : "임대인"이 임대차 종료 전 6개월부터 (　　)개월 전까지 갱신거절 통지가 없으면, 묵시적으로 갱신된다. 묵시적 갱신기간은 (　　)년으로 본다.
대항력	＊ (임차권 "등기"가 되면, "그 날" 바로 대항력이 발생된다) ★ 임차권 "등기가 없더라도", 일정한 "대항요건"을 갖추면, 그 "다음 날"부터 "대항력"을 인정한다. 즉, 임차인은 새로운 양수인(매수인)에게 자신의 임차권을 주장할 수 있다. ① "주택"의 대항요건 : 주택의 "인도" ＋ "(　　　　　 ＝ 전입신고)" ★ ② "상가건물"의 대항요건 : 상가건물의 "인도" ＋ "(　　　　　)의 신청" ★ ③ 대항력의 발생시기 : 대항요건을 갖춘 그 (　　　) "오전 0시"부터 대항력이 발생된다. ★ 　(예 주택인도 1/1, 주민등록 1/1 이면, 대항력은 1월 2일 오전 0시부터 발생한다)

임차권등기 명령신청제도	＊ 임대차계약이 "종료" 되었으나, 임대인이 "보증금(일부나 전부)"를 반환하지 아니한 경우, 임차인의 거주이전의 자유를 보장하기 위함이다. **주택과 상가건물에 모두 적용된다.** ㉠ 임차인 "단독"으로 지방법원(또는 지방법원 지원, 시·군 법원)에 임차권등기명령을 신청할 수 있다. ㉡ 임차권등기비용과 등기명령신청비용은 (　　　)이 부담한다(임차인은 임대인에게 청구 가능하다). ★ ㉢ **등기명령집행에 따른 임차권등기 이후 효력** : 기존의 대항력·우선변제권은 이사를 가더라도, 그대로 **"유지"가 되며**, 기존에 대항력과 우선변제권이 없었다면, 등기가 되면, **새롭게 "취득"**이 된다. ★ ㉣ 등기명령집행에 따른 임차권등기 이후 "새로운" 세입자(차후 임차인)는 '**최우선**'변제권이 인정 (　　　). 확정일자에 기한 우선변제권은 인정 (　　　). ★
경매신청	＊ 임대차계약이 종료되었으나, 임대인이 보증금을 반환하지 아니한 경우, 임차인은 "집행권원(집행문 포함)"을 확보하여, 임차 목적물에 대한 "강제경매"를 신청할 수 있다 ㉠ 임차권에 기해 (임의)경매신청권은 없으나, "집행권원(판결문 등)"에 기한 "강제경매신청"은 가능하다. ㉡ 임차인이 임차주택에 대하여 보증금반환청구소송의 확정판결이나 그 밖에 이에 준하는 집행권원에 따라서 경매를 신청하는 경우에는, **반대의무의 이행이나 이행의 제공(집을 비워주는 것)을 (경매) 집행개시의 요건으로 (　　　). ★** ㉢ 다만, 경매에서 양수인(낙찰자, 매수인)에게 '인도'하지 아니하면, 보증금을 법원에서 배당받을 수 없다. ★
우선 변제권	＊ 법원경매 배당에서, "후순위" 물권 기타 채권보다 먼저 우선 배당을 받을 수 있다. ① **우선변제권의 요건** : "대항요건" ＋ "임대차계약서에 (　　　)" 　㉠ 주택은 "주민센터(행정복지센터, 동사무소)", 공증인 사무소, 법원등기소에서 "확정일자"를 받을 수 있다. 　㉡ 상가건물은 관할 "세무서장"에게서 "확정일자"를 받을 수 있다. ② **우선변제권의 발생시기** : 대항력과 확정일자의 효력이 "모두" 발생되는 시기에 발생된다 [**예** 주택인도 1/1, 주민등록 1/1, 확정일자 1/1 이면, '우선변제권' 발생 시기는 (　　　) 이다]. ★
최우선 변제권	＊ 법원경매에서, "선순위" 물권을 포함한 "다른 권리"보다 최우선적으로 소액보증금 중의 일정액을 배당을 받을 수 있다. ① **최우선변제권의 요건** : "대항요건" ＋ "(　　　)" 　㉠ 서울 "주택"은 1억 6천500만원 이하일 때 5천500만원까지 최우선변제 　㉡ 서울 "상가건물"은 6,500만원 이하일 때 2,200만원까지 최우선변제 　㉢ 임대차계약서 "확정일자"는 최우선변제권의 성립요건이 (　　　). ★ ② **최우선변제권의 한계** 　㉠ 주택·상가 배당금액 (주택가액·상가가액)의 (　　　)범위 내에서만 인정한다. ★ 　㉡ 경매개시결정등기 "이후"의 소액임차인은 최우선변제권이 인정되지 "아니한다". ★
보증금 증액의 제한	㉠ 보증금 또는 월차임은 증액시, "연 (5%)"를 초과하여 증액할 수 없다. ㉡ 보증금 증액제한은 임대차계약 "종료" 후 재계약시에는 적용 (　　　). ★ ㉢ 보증금 또는 월차임에 대한 감액의 경우에는 제한이 (　　　). ★

| 정   답 | 〈적용범위〉① ⓜ 적용되지 아니한다 ⓗ 적용된다 ② ⓜ 적용되지 아니한다 ⓗ 적용된다 // 〈존속기간의 보장〉〈① 주택〉㉠ 2년 ㉡ 2개월, 2기 ㉢ 2개월, 2개월, 2년 〈② 상가〉㉠ 1년 ㉡ 1개월, 3기, 10년 ㉢ 1개월, 1년 // 〈대항력〉①"주택"(주민등록) ②"상가"(사업자등록) ③ 그 다음 날 // 〈임차권등기명령〉㉡ 임대인 ㉣ 되지 않는다, 된다 // 〈경매신청〉㉡ 하지 아니한다 // 〈우선변제권〉① 확정일자 ② 1월 2일, 오전 0시 // 〈최우선변제권〉① 소액보증금 ㉢ 아니다 ② ㉠ 1/2 // 〈보증금증액의 제한〉㉡ 적용되지 아니한다 ㉢ 없다 |

<table>
<tr><td colspan="2" align="center">법원경매(민사집행법)</td></tr>
<tr><td>법원경매절차
(민사집행법)</td><td>"경매신청" ⇨ "경매개시결정 등기 및 송달"(압류의 효력이 발생) ⇨ 매각준비 ⇨ "매각기일" ⇨ ㉠ (   ) 이내 "매각결정기일"(허가·불허가결정) ⇨ ㉡ (   ) 이내 즉시 항고 가능, 항고가 없으면 매각은 "확정"되며, ㉢ (   )의 '기한' 내에 대금완납(소유권취득) ⇨ "소유권이전등기" 및 명도</td></tr>
<tr><td>주요 사항</td><td>① 입찰(매각신청)시, "입찰보증금"은 (   )의 10%를 제공하여야 한다. ★
② 매각"허가"결정에 대한 즉시 항고시 "항고공탁금"은 (   )의 10%를 공탁하여야 한다. ★
③ "매각방법"은 ㉠ 기일입찰(1기일 2입찰제 가능), ㉡ 기간입찰, ㉢ 호가경매. ㉠, ㉡, ㉢ 3가지 중에 '집행법원'이 매각방법을 결정한다.
④ "불허가결정"사유 : (농지)농지취득자격증명원의 미제출("매각결정기일"까지 제출해야 함) ★ 및 입찰불가자(집행관, 감정인, 채무자 등)의 낙찰 등 ★
⑤ "차순위매수신고"는 그 신고액이 최고가매수신고액에서 그 보증금을 뺀 금액을 "(   )" 때에만 할 수 있다. ★ 차순위매수신고인은 최고가매수신고액이 경락대금을 완납하지 아니한 경우, 자신의 매수신고가격으로 취득할 수 있다.</td></tr>
<tr><td>권리분석</td><td>① 말소기준권리(저당, 근저당, 압류, 가압류, 담보가등기, 경매개시결정등기)는 항상 (   )된다. 기준권리끼리는 최선순위권리가 최종말소기준권리가 된다. ★
② 말소기준권리보다 "후순위" 권리는 (   )되는 것이 원칙이며, 말소기준권리보다 "선순위" 권리는 (   )되는 것이 원칙이다.
③ 예 외
㉠ 말소기준권리보다 '선순위'의 "전세권"이나, 대항력 있는 임차인이 "배당 요구"하여 배당 참여한 경우에는 (   )된다. 〈☎ 전세 빼 - 소〉
㉡ 말소기준보다 '후순위'이더라도 [경매개시결정등기(압류효력발생) '이전'에 성립된]"유치권"은 낙찰자에게 순위 관계없이 인수된다. 분묘기지권도 경매에서 소제되지 아니한다. ★</td></tr>
</table>

	경매대리업(매수신청대리업) (대법원규칙)
매수신청 대리업 등록	① 개업공인중개사(부칙상 개업공인중개사는 제외)는 중개업과 경매매수신청대리업을 겸업할 수 (　　　　). ② "경매대리업"을 겸업하기 위해서는 "개업공인중개사"는 중개사무소가 있는 곳을 관할하는 (　　　　)에게 매수신청대리인으로 "등록"하여야 한다.
매수신청 대리업의 등록요건	① "공인중개사"인 개업공인중개사이거나 "법인"인 개업공인중개사일 것 : 부칙상의 개업공인중개사는 등록할 수 (　　). ② 경매에 대한 "실무교육"을 수료할 것 　㉠ (　　　　)이 지정하는 교육기관에서 등록신청일 전 (　　) 이내에 수료하여야 한다. 　㉡ 교육시간은 (　　)시간 이상 (　　)시간 이하이다. ③ 경매사고를 대비한 "업무보증"(보증보험, 공제, 공탁)을 설정할 것 : 최소 업무보증금은 공인중개사인 개업공인중개사는 (　　)원 이상, 법인인 개업공인중개사는 (　　)원 이상(분사무소는 2억원 이상 추가로 설정하여야 한다) ④ 대리업 등록의 결격사유가 없어야 한다[입찰방해죄 + "2년"간은 결격, 경매대리업 등록취소 + "3년"간은 결격(중개업 자진 폐업으로 인한 경매대리업 등록취소는 제외 ★), 경매대리업 업무정지기간 중 등)].
경매대리 업무범위 (7가지)	〈☎ 뽀뽀, 차차, 우선·우선, 입찰〉 ★ ① 매수신청 (　　　　　)의 제공 ② 매수신청의 (　　　　　)을 "돌려" 줄 것을 신청하는 행위 ③ (　　　　　) 매수신고 ④ (　　　　　) 매수신고인의 지위를 "포기"하는 행위 ⑤ 공유자의 (　　　　) 매수신고 ⑥ (구) 「임대주택법」상의 임차인의 임대주택 (　　　　) 매수신고 ⑦ (　　　　　)의 작성 및 제출
대리행위	① "개업공인중개사"는 매각장소에 (　　　　　) 하여야 하고, 소속공인중개사로 하여금 대리하게 할 수 없다. ★ ② 개업공인중개사는 사건을 위임받은 때에는 "사건카드"를 작성·비치하고, (　　)간 보존하여야 한다. ★ ③ 개업공인중개사는 위임계약을 체결한 때에는 확인·설명사항을 서면"(확인·설명서)"으로 작성하여 서명·날인한 후, 위임인에게 교부하고, 그 사본을 사건카드에 철하여 (　　)간 보존하여야 한다. ★

> **정　답** 〈경매절차〉 ㉠ 1주 ㉡ 1주 ㉢ 1개월 // 〈주요사항〉 ① 최저매각가격 = 최저매각대금 = 최저가 ② 매각대금 = 매각가 ⑤ 넘는 // 〈권리분석〉 ① 소제 = 소멸 = 말소 ② 소제 = 소멸 = 말소, 매수인에게 인수 ③ ㉠ 소제 = 소멸 = 말소 // 〈매수신청대리업등록〉 ① 있다 ② 지방법원장 // 〈등록요건〉 ① 없다 ② ㉠ 법원행정처장, 1년 ㉡ 32시간, 44시간 ③ 2억, 4억 // 〈대리업무범위〉 ① 보증(금) ② 보증(금) ③ 차순위 ④ 차순위 ⑤ 우선 ⑥ 우선 ⑦ 입찰표 // 〈대리행위〉 ① 직접출석 ② 5년 ③ 5년

[부록] 주요 숫자 정리

■ 5일(★★★)

1. 〈자취는 5일이 보통〉 "시·도지사"는 공인중개사의 "자격취소"처분을 한 때에는 (   )일 이내에 이를 국토교통부장관과 다른 시·도지사에게 통보하여야 한다.
2. 〈5일 후부터 허가받아요~!!〉 토지거래허가구역을 지정하여 공고하면, 그 "공고일"로부터 (   )일 후부터 지정의 효력이 발생된다.

■ 7일(★★★)

1. 〈등록 친다. 7일〉 중개사무소 개설등록의 신청을 받은 "등록관청"은 개업공인중개사의 종별에 따라 구분하여 개설등록을 하고, 개설등록 신청을 받은 날부터 (   )일 이내에 등록신청인에게 서면으로 통지하여야 한다.
2. 〈인장 친다. 변경 7일〉 등록한 인장을 변경한 경우에는 개업공인중개사 및 소속공인중개사는 변경일로부터 (   )일 이내에 그 변경된 인장을 등록관청에 등록하여야 한다(인장등록은 업무개시 전).
3. 〈자격증 반납친다. 7일〉 공인중개사자격증을 반납하고자 하는 자는 자격취소처분을 받은 날부터 (   )일 이내에 그 공인중개사 자격증을 "교부"한 시·도지사에게 공인중개사 자격증을 반납하여야 한다.
4. 〈등록증 반납친다. 7일〉 중개사무소 등록증을 반납하고자 하는 개업공인중개사는 등록취소처분을 받은 날부터 (   )일 이내에 "등록관청"에 그 중개사무소 등록증을 반납하여야 한다.

■ 10일(★★★)

1. 〈사무소 "이전신고". 이 = 10. 10일〉 개업공인중개사는 중개사무소를 이전한 때에는 이전한 날부터 (   )일 이내에 국토교통부령이 정하는 바에 따라 등록관청에 이전사실을 신고하여야 한다.
2. 〈직원 "종료신고" 열받아 짤라. 10일〉 개업공인중개사는 소속공인중개사 또는 중개보조원의 고용관계가 종료되면, 종료일로부터 (   )일 이내에 등록관청에 신고하여야 한다(고용신고는 업무개시 전까지).
3. 〈열받아 과태료 때림 통보 10일〉 부동산 소재 "신고관청이" 부동산거래신고의무를 위반한 개업공인중개사에게 과태료를 부과하는 경우에는 과태료 부과일부터 (   )일 이내에 중개사무소를 관할하는 "등록관청에" 과태료 부과사실을 통보하여야 한다.
4. 〈협회통보는 무조건 다음달 10일까지〉 "등록관청"은 매월 중개사무소의 등록증교부사항, 등록취소·업무정지, 휴업·폐업신고 등에 관한 사항을 "다음 달 (   )일"까지 공인중개사 "협회"에 통보하여야 한다.
5. 〈사고예빵...빵...10일〉 국토교통부장관, 시·도지사, 등록관청은 부동산거래사고 "예방"을 위한 교육을 하기 (   )일 전까지 통지하여야 한다.

■ 15일(★★★)

1. 〈"보름"달 늑대인간...중개사고..."손해배상"...15일〉 개업공인중개사는 보증보험금·공제금 또는 공탁금으로 "손해배상"을 한 때에는 "(   )일" 이내에 보증보험 또는 공제에 다시 가입하거나 공탁금 중 부족하게 된 금액을 보전하여야 한다.

2. 〈허가? 불허가? 15일...시보뎅〉 (토지거래허가제) 토지거래허가의 신청을 받은 시·군·구청장은 (   )일 이내에 허가·불허가 처분을 하여야 한다.

3. 〈허가? 불허가? 15일...시보뎅〉 (외국인특례) "외국인특례"상의 외국인이 전용허가구역[문화재(문화유산)보호구역, 천연기념물(자연유산)보호구역, 야생생물특별보호구역, 생태경관보존지역] 내의 토지에 대한 허가신청을 한 경우에, 시군구청장은 허가신청을 받은 날로부터 (   )일 이내에 허가·불허가 처분을 하여야 한다(기간연장 없음). (단, 군사시설보호구역은 30일 이내에 허가·불허가 처분되며, 30일 이내에서 1회 연장 가능)

■ 30일(★★★)

1. 〈거래정보사업자 지정 30일〉 (국토교통부장관)은 지정신청을 받은 때에는 지정신청을 받은 날부터 (   )일 이내에 거래정보사업자로 지정하고, 거래정보사업자 지정대장에 기재한 후에 거래정보사업자 지정서를 교부하여야 한다.

2. 〈부동산거래신고 30일〉 거래당사자는 부동산 또는 부동산을 취득할 수 있는 권리에 관한 "매매계약"을 체결한 때에는 부동산 등의 실제 거래가격 등 대통령령이 정하는 사항을 거래계약의 체결일부터 (   )일 이내에 매매대상 부동산 소재지의 관할 시장·군수 또는 구청장에게 공동으로 신고하여야 한다(미신고는 500만원 이하 과태료).

3. 〈부동산해제신고 30일〉 거래당사자는 부동산거래신고를 한 매매계약이 무효·취소·해제가 된 경우, 그 "확정일(확정된 날)"로부터 (   )일 이내에 이를 신고하여야 한다(미신고는 500만원 이하 과태료).

■ 60일(★★★)

1. 〈외국인숫자 6.6.6〉 「부동산거래신고법」과 관련하여, "외국인특례"상의 외국인은 (증여)계약 등을 원인으로 대한민국 내의 부동산 (소유권)을 취득한 경우에는, 그 계약(체결일)로부터 (   )일 이내에 신고관청(부동산 소재 시·군·구청장)에게 신고하여야 한다(위반시 300만원 이하 과태료). // (매매계약은 30일 이내 부동산거래신고해야 하며, 위반시 500만원 이하 과태료).

2. 「부동산등기 특별조치법」에 따르면, 쌍무계약의 경우, 반대급부 이행이 완료된 날로부터 (   )일 이내에 소유권이전등기를 신청하여야 하며, 위반시에는 과태료에 처한다.

■ 1개월(★★★)

1. 〈자격증 한 장만 주세요...1개월〉 "시·도지사"(특별시장·광역시장·도지사·특별자치도지사)는 시험합격자의 결정 공고일부터 "(   )개월" 이내에 시험합격자에 관한 사항을 공인중개사 자격증 교부대장에 기재한 후, 시험합격자에게 공인중개사자격증을 교부하여야 한다.

2. 〈중개법...돈 한 푼 줍소...1개월〉 "공인중개사법"상, 포상금 지급신청서를 제출받은 (신고관청)은 그 사건에 관한 수사기관의 처분내용을 조회한 후 "포상금"의 지급을 결정하고, 그 "결정일"부터 "(   )개월" 이내에 포상금을 지급하여야 한다.

3. 〈보고는 쭉...쭉...위로...1개월...1개월.〉「부동산거래신고법」상의 외국인특례상의 신고를 받은 신고관청 (시·군·구청장)은 매 분기 종료일로부터 "(　)개월" 이내에 시·도지사에게 신고내용을 제출(보고) 하여야 하며, 시·도지사는 제출(보고)를 받은 날로부터 (　)개월 이내에 국토교통부장관에게 제출(보고) 하여야 한다.

4. 〈경매대금...많아...1달 기한...줄게〉 경매법원은 최고가매수인이 확정되면, "(　)개월" 이내의 "기한"(기일 ×)을 정하여 이를 통지하고, 매수인은 그 기한(기일×)까지 대금을 납부하여야 한다.

■ 2개월(★★★)

1. 〈신고법은 돈 두 푼 줍쇼...2개월〉 "부동산거래신고법"상, 포상금지급신청서를 제출받은 (신고관청)은 포상금지급신청서를 "접수한 날"로부터 (　)개월 이내에 포상금을 지급하여야 한다.

2. 〈연수교육을 받아라..."양쪽" 귀때기에 대고..."투...투"...2...2 〉 "시·도지사"는 실무교육을 받은 자에게 "2년" 되기 "(　)"개월 전까지 연수교육의 통지를 하여야 한다(연수교육 미수료시 500만원 이하 과태료).

■ 3개월(★★★)

1. 〈휴업기간〉 개업공인중개사는 (　)개월을 "초과"하는 휴업을 하고자 하는 때에는 등록관청에 그 사실 을 신고하여야 한다(중개사무소의 개설등록 후 업무를 개시하지 아니하는 경우를 포함한다).

2. 〈전속유효기간〉 전속중개계약의 유효기간은 (　)개월로 한다(다만, 특약 가능).

3. 〈회계공개〉 협회는 공제사업의 운영실적을 매 회계연도 종료 후 (　)개월 이내에 일간신문 또는 협회 보에 "공시"하고, 협회의 인터넷 홈페이지에 "게시"하여야 한다.

4. 〈운영규정〉 거래정보사업자 지정을 받은 날로부터 (　)개월 이내에 "운영규정"을 정하여 이를 국토교통 부장관에게 승인을 받아야 한다(위반시에는 지정이 취소될 수 있으며, 500만원 이하의 과태료처분사유 이기도 하다).

■ 6개월(★★★)

1. 〈휴업 6개월까지 원칙〉 휴업은(　)개월을 초과할 수 없다(다만, 질병으로 인한 요양 등 대통령령이 정 하는 부득이한 사유가 있는 경우에는 그러하지 아니하다).

2. 〈자격정지 6개월까지〉 "시·도지사"는 소속공인중개사에 대하여 (　)개월의 범위 안에서 기간을 정하 여 그 "자격을 정지"할 수 있다.

3. 〈업무정지 6개월까지〉 "등록관청"은 개업공인중개사에 대하여 (　)개월의 범위 안에서 기간을 정하여 "업무의 정지"를 명할 수 있다.

4. 〈외국인특례〉 외국인은 계약 "이외"의 원인으로 대한민국 내의 부동산 (소유권)을 취득한 경우에는, 그 취득일로부터 (　)개월 이내에 "취득신고"하여야 한다.

5. 〈외국인특례〉 한국인이 외국인으로 국적이 변동된 경우에도 대한민국 내의 부동산을 "계속보유"하고자 하는 경우에는, 국적이 변동된 날로부터 (　)개월 이내에 "계속보유"의 신고를 하여야 한다.

■ 1년(★★★)

1. 〈실무교육 1년 이내〉 중개사무소의 개설등록을 신청하려는 자는 등록신청일 전 (   )년 이내에 (시·도 지사)가 실시하는 실무교육을 받아야 한다. 다만, 폐업신고 후 (   )년 이내에 중개사무소의 개설등록을 다시 신청하려는 자는 그러하지 아니하다.

2. 〈처분은 처분일로부터 1년 승계〉 폐업신고 전의 개업공인중개사에 대하여 위반행위를 사유로 행한 행정 "처분"의 효과는 그 "처분일"부터 (   )년간 재등록 개업공인중개사에게 승계된다.

3. 〈반성기간〉 "폐업기간(= 반성기간)"이 (   )년을 초과한 경우에는 폐업 전의 사유로 재등록관청은 "업무 정지"처분을 할 수 "없다".

4. 〈전과기록은 1년간〉 관할구역 밖으로 중개사무소를 이전한 경우에는 관련 서류를 송부하여 줄 것을 요청받은 종전의 등록관청이 이전 후의 등록관청에 송부하여야 하는 서류는 다음과 같다. 〈등.등. 1〉

> ㉠ 이전신고를 한 중개사무소의 부동산중개사무소(등록대장)
> ㉡ 부동산중개사무소 개설(등록 신청서류)
> ㉢ 최근 (   )년간의 행정처분 및 행정처분절차가 진행 중인 경우 그 관련서류

5. 정당한 사유 없이 지정받은 날부터 (   )년 이내에 부동산거래정보망을 설치·운영하지 아니한 경우에는 지정이 취소될 수 있다.

6. "장사 등에 관한 법률"에 따르면, 매장의 분묘설치기간(최장 60년)이 경과되면, "(   )년" 이내에 분묘를 철거하여야 한다(위반시에는 1년 – 1천 이하). <"일"어나요..."일"어나>

7. "상가건물 임대차보호법"에서, 존속기간의 약정을 1년 미만으로 정하거나, 기간의 약정이 없는 경우에는, 존속기간을 (   )년으로 본다.

■ 2년(★★★)

1. 〈2년마다 연수교육〉 실무교육(또는 연수교육)을 받은 자는 매 (   )년마다 시·도지사가 시행하는 연수교육을 받아야 한다. 위반시에는 (500)만원 이하의 과태료처분대상이 된다.

2. 〈연수교육통지는 투...투...〉 시·도지사는 연수교육의 통지를 실무교육(또는 연수교육)을 받은 날로부터 "(   )년" 되기 "2개월" 전까지 그 대상자에게 교육의 내용 및 장소·일시 등을 통지하여야 한다.

3. "주택임대차보호법"에서, 존속기간의 정함이 없거나, 2년 미만으로 존속기간을 정한 경우에는 그 존속기간을 (   )년으로 본다.

■ 3년(★★★)

1. 〈확인·설명서 3년 보존〉 개업공인중개사는 중개대상물 "확인·설명서"를 작성하여 거래당사자에게 교부하고 그 원본, 사본 또는 전자문서를 (   )년간 보존하여야 한다(공인전자문서센터 보존시 제외).

2. 〈전속중개계약서 3년 보존〉 개업공인중개사는 "전속중개계약서"를 (   )년간 보존하여야 한다(일반중개계약서는 보관의무 없음).

3. 〈공탁금...3년 회수제한〉 개업공인중개사가 업무보증으로 공탁한 "공탁금"은 개업공인중개사가 폐업 또는 사망한 날부터 (   )년 이내에는 이를 회수할 수 없다.

4. 〈사...발...삼...업지〉 업무정지처분은 그 "사유"가 발생한 날부터 "(   )년"이 경과한 때에는 이를 할 수 없다(업무정지의 시효제도).

5. 〈반성기간〉 폐업기간(= 반성기간)이 (   )년을 초과한 경우에는 폐업전의 사유로 재등록관청은 "등록취소"를 할 수 "없다"(업무정지도 당연히 할 수 없다).

■ 5년(★★★)

1. 〈거래계약서 5년 보존〉「공인중개사법」상, "거래계약서" 원본, 사본 또는 전자문서의 보존기간은 (   )년이다(공인전자문서센터 보존시 제외).

2. 〈사건카드 5년 보존〉경매대리업과 관련하여, "사건카드"는 (   )년간 보존하여야 한다.

3. 〈경매대리업 확인·설명서 5년 보존〉경매대리업과 관련하여, "확인·설명서"는 사건카드에 철을 하여 (   )년간 보존하여야 한다.

4. 국토교통부장관 또는 시·도지사는 시험시행기관장이 명단을 통보한 출제위원에 대하여는 그 명단을 통보한 날부터 (   )년간 시험의 출제위원으로 위촉하여서는 아니 된다.

5. 시험시행기관장은 시험에서 부정한 행위를 한 응시자에 대하여는 그 시험을 무효로 하고, 그 무효처분 일로부터 (   )년간 시험응시자격을 정지한다.

6. 〈허가받아요...5년...5일〉토지거래허가구역의 지정은 (   )년의 범위 내에서만 지정할 수 있다. 지정하여 공고하면 공고일로부터 (   )일 후부터 효력이 발생한다.

〈개정〉 ① 중개업 실무교육시간 : 45시간, ② 연수교육 : 12시간 이상 16시간 이하, ③ 직무교육 : 3시간 이상 4시간 이하

★ "필수암기장"으로 활용, 계속 반복해 주세요. 무조건 합격합니다!!! ★
★ 2026, 필승합격~~!!! ★

제37회 공인중개사 시험대비 **전면개정**

2026 박문각 공인중개사
김상진 중개사법 슈퍼암기장 이것만 암기해도 합격!!

초판인쇄 | 2026. 2. 10. **초판발행** | 2026. 2. 15. **편저** | 김상진 편저
발행인 | 박 용 **발행처** | (주)박문각출판 **등록** | 2015년 4월 29일 제2019-000137호
주소 | 06654 서울시 서초구 효령로 283 서경 B/D 4층 **팩스** | (02)584-2927
전화 | 교재 주문 (02)6466-7202, 동영상문의 (02)6466-7201

저자와의
협의하에
인지생략

정가 10,000원
ISBN 979-11-7519-754-1